"机电汽车"

湖北省优势特色学科群开放基金资助项目（XKQ2018014）

电子商务环境下
物流配送网络优化方法研究

刘静 著

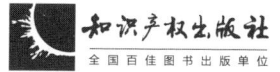

知识产权出版社

全国百佳图书出版单位

图书在版编目（CIP）数据

电子商务环境下物流配送网络优化方法研究 / 刘静著 . — 北京：知识产权出版社，2018.9
ISBN 978-7-5130-5816-2

Ⅰ . ①电… Ⅱ . ①刘… Ⅲ . ①物资配送－网络化－最佳化－研究 Ⅳ . ① F252.2

中国版本图书馆 CIP 数据核字 (2018) 第 201161 号

内容提要

本书从第三方物流企业的角度对终端配送网络构建时所面临的几个关键环节进行深入研究，构建相关优化模型与算法，为第三方物流企业顺利完成网络商品的终端配送提供必要的理论和技术支撑。

责任编辑：阴海燕　　　　　　　　　　　责任印制：刘译文

电子商务环境下物流配送网络优化方法研究
DIANZI SHANGWU HUANJINGXIA WULIU PEISONG WANGLUO YOUHUA FANGFA YANJIU

刘静　著

出版发行：知识产权出版社 有限责任公司		网　　址：http:www.ipph.cn	
电　　话：010-82004826		http://www.laichushu.com	
社　　址：北京市海淀区气象路 50 号院		邮　　编：100081	
责编电话：010-82000860 转 8693		责编邮箱：yinhaiyan@cnipr.com	
发行电话：010-82000860 转 8101		发行传真：010-82000893	
印　　刷：三河市国英印务有限公司		经　　销：各大网上书店、新华书店及相关专业书店	
开　　本：787mm×1092mm　1 / 16		印　　张：10.75	
版　　次：2018 年 9 月第 1 版		印　　次：2018 年 9 月第 1 次印刷	
字　　数：170 千字		定　　价：49.00 元	

ISBN 978-7-5130-5816-2

前　言

随着计算机技术、信息技术、网络技术的快速发展，互联网网络基础设施以及数字签名、电子加密等相关技术的日益成熟，电子商务的应用得到不断普及与深入，在工业、农业、商贸流通、交通运输、金融、旅游以及城乡消费等领域的应用水平不断提高。虽然相关技术的发展为实现电子商务中信息流、商流、资金流电子化打下了强有力的基础，但作为电子商务中最特殊的一环——物流，却未全部实现电子化。除了音乐、软件、电子读物等部分商品外，大多数商品都需要电子商务企业负责商品的配送服务。因此，物流配送是实现电子商务业务的重要组成部分，配送服务水平高低更是影响顾客会否再次光顾的关键因素。

目前，我国电子商务企业物流配送体系构建大多采用自营仓库与终端配送外包相结合的方式，因此负责终端配送的第三方物流企业的配送服务水平成为电子商务成功实施的关键。如何构建高效的物流配送网络成为第三方物流企业面临的重要课题，为此，本书试图从第三方物流企业的角度对终端配送网络构建时所面临的几个关键环节进行深入研究，构建相关优化模型与算法，为第三方物流企业顺利完成网络商品的终端配送提供必要的理论和技术支撑。各章的主要研究内容如下：

第一章，绪论。首先，从电子商务行业发展现状及问题出发，阐明本书的研究具有很强的时代背景和应用价值；其次，分别从物流设施选址、终端配送路径与策略问题、定位－路径联合决策问题等角度入手，分析当前研究存在的问题，从而总结出现有研究的不足，为本书研究的创新切入点提供了思路；最后，对本书研究对象及问题进行界定，进而提出本书的研究内容与思路。

第二章，电子商务及其物流配送网络设计框架研究。首先，从电子商务的内涵、分类、实施组织与对象入手，分析电子商务的基础特点；然后，从电子商务配送内涵、特征、策略及渠道四个方面分析电子商务环境物流配送特性；接着，分析电子商务物流配送网络内涵、结构及构建模式；最后，对第三方物流企业物流配送网络优化的特征进行分析，并提炼出配送过程中面临的挑战。

第三章，电子商务环境下区域配送中心选址优化研究。区域配送中心选址问题是第三方物流企业终端配送网络优化时面临的首要问题。针对网购商品配送时效性高的特点，以设施内部运作时间与运输时间两部分构成的配送提前期作为配送服务水平的一种度量，并将时间成本引入模型成本结构中，同时允许跨层直接配送，构建了多渠道配送模式下物流配送网络的优化模型。针对标准遗传算法寻优缺点，引入了四个局部搜索算法与扰动变异策略，设计了求解模型的改进型混合遗传算法。结合实验结果并与遗传算法、贪婪启发式算法的计算结果进行比较分析，验证本算法的有效性。

第四章，电子商务环境下城市配送站多属性决策优化研究。鉴于城市配送站选址问题的特殊性，在借鉴其他学者研究成果基础上，构建出城市配送站选址决策的评价指标体系；比较多属性决策问题的求解方法，选择区间可拓评价方法来评价备选方案，从而确定较为合理的选址方案。

第五章，电子商务环境下双层静态定位－路径问题优化研究。以区域配送中心选址问题研究为基础，研究电子商务环境下第三方物流企业的城市内静态型物流配送网络优化问题。首先，以带时间窗的双层静态选址－路径问题（LRPTW-2E）为研究对象，同时考虑顾客自取与送货上门两种终端配送方式，构建了以配送成本最小化为优化目标的数学规划模型。模型考虑两种不同的车型分别应用配送网络第一、第二层的配送服务，同时采用顾客无时间窗限制与有时间窗限制来表示顾客自取与送货上门两种终端配送模式。然后，针对模型特点提出了融合 C-W 节约算法与变邻域下降算法的两阶段混合遗传算法。同时针对以往车辆路径问题采用"先分组、后路径"的求解思路时时间与空间特性无法调和的缺点，提出了基于时空距离的分组测度方法。最后，选取改进型 Ngugen's LRP-2E 算例进行优化计算，并与其他算法进行对比分析，从而验证模型与算法的有效性。

第六章，电子商务环境下双层动态定位－路径问题优化研究。以区域配送中心选址问题研究为基础，应用动态规划法研究电子商务环境下第三方物流企业的城市内多周期物流配送网络优化问题。基于网购商品配送需求量增加时需要动态调整配送网络结构的现状，建立同时优化配送站选址、商品流分派、车辆路径等诸多决策的带时间窗的双层动态选址－路径优化模型（DLRPTW-2E），以此来确定各周期内配送站的建设数量与位置以及在线顾客的配送路径，并设计基于动态规划的混合遗传算法。通过构建改进型 Ngugen's LRP-2E 算例并与基于最近邻算法的混合遗传算法及传统多周期规划算法的计算结果进行比较分析，为解决多周期物流配送网络规划问题提供了一种新尝试。

第七章，电子商务环境下考虑退货处理的城市物流配送网络优化研究。基于网购商品退货率高的特点，研究考虑退货的第三方物流企业城市内物流配送网络优化研究。以顾客送货方式的退货政策为研究对象，研究第三方物流企业参与退货处理对企业配送运作效率与经济收益的影响。首先，将退货便捷度作为退货服务水平的一种测度，提出配送网络退货便捷度的计算方法；然后，配送车辆采用巡回路径配送的方式并应用分级聚类算法估算单位配送费用，在此基础上构建以顾客退货便捷度最大化与第三方物流企业配送收益最大化为目标的退货物流网络优化模型，并设计适用于该问题的混合遗传算法；最后，基于 Nguyen's LRP-2E 算例分析第三方物流企业参与退货处理对企业经济收益的影响。

第八章，总结与展望。在对本书的主要内容进行梳理的基础上，对研究的创新点进行了总结。针对现有研究的不足，提出下一步研究的构想。

本书在写作过程中得到了很多同行学者、朋友和同门的帮助，在此特别感谢授业导师、东南大学毛海军教授及其科研团队的教授、博士。同时，本书有幸出版，得到了教育部人文社会科学研究青年基金项目"基于行为运筹的生鲜电商订单履行集成优化研究"（项目批准号：17YJC630084）、湖北文理学院博士科研基金项目"城市物流配送网络优化研究"（项目批准号：2015B001）、"机电汽车"湖北省优势特色学科群开放基金项目（项目批准号：XKQ2018014）等的资助。

由于笔者专业视野和学术水平有限，书中难免存在不足之处，望广大读者批评指正。

目　　录

第一章 绪 论

第一节 研究的背景与意义

一、研究背景

作为现代服务业中的重要产业，有"朝阳产业、绿色产业"之称的电子商务随着信息技术、计算机技术、网络技术等先进技术的发展而逐步发展起来，并于 20 世纪 90 年代中期迅速走向普及化，逐步从大学、科研机构走向企业和百姓家庭，其功能也从信息共享变为一种大众化的信息传播工具与商业方式。1997 年年底在加拿大温哥华举行的第五次亚太经合组织非正式首脑会议（APEC）上，时任美国总统克林顿提出敦促各国共同促进电子商务发展的议案，引起了全球首脑的关注，IBM、HP 和 Sun 等国际著名的信息技术厂商同时宣布 1998 年为电子商务年。进入 21 世纪以来，我国电子商务也进入了快速发展期。据测算，2013 年中国电子商务市场交易规模约达 10 万亿元，其中网络零售交易额约为 1.85 万亿元，2009—2013 年平均增速为80%。如图 1-1 所示。

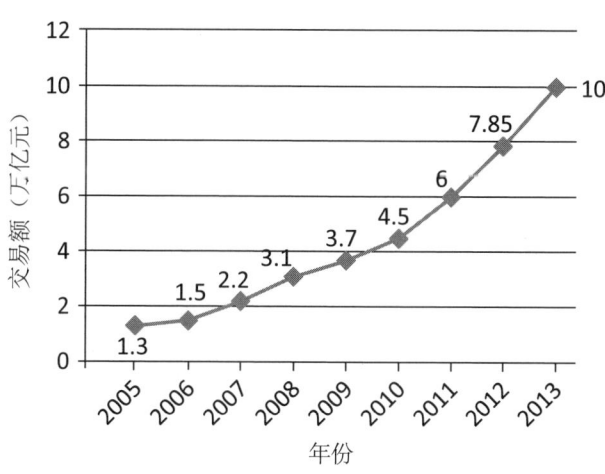

图 1-1 中国电子商务市场历年交易额变化曲线

与传统商务相比，电子商务的优势在于能提供更多、更及时的信息，降低消费者的搜寻成本，同时提供更广泛的产品选择。其中电子商务零售（企业对消费者或消费者对消费者）作为一种面向终端顾客服务的商务模式的优势在于贴近消费者；消费者可以获得更丰富的购物体验；产品可以送货上门交付；同时它直接为顾客提供商品，免除了许多中间环节、降低了经营成本；可以使终端客户享受价格实惠。除此之外，电子商务零售渠道还具有一些传统零售渠道难以比拟的优势，如制造企业可以直接接触消费者，对消费者的需求信息了解更为及时准确，且可降低牛鞭效应对供应链的影响。我国电子商务行业已成为 21 世纪经济社会中重要的贸易方式。

二、研究意义

电子商务改变了大部分交易活动的实施方式，如商品搜索、价格谈判、下订单、支付款项等都可以通过网络来完成，但唯独商品配送环节，除了数字产品可直接从网络下载外，任何实体商品都必须通过物流网络来实施配送。一旦顾客通过网络订购商品，电子商务企业必须通过各种工具、各种手段将商品配送到顾客所在地，这也被称为电子商务的"最后一公里"。没有物流配送系统强有力的支撑，电子商务企业是不可能成功的[1]。从当前电子商务企业发展现状来看，配送服务已成为企业成功实施电子商务的最大瓶颈[2]。

随着电子商务销售额的增长，小件商品配送的需求与日俱增，这将对网络商家的配送系统提出巨大挑战[3]。Huppertz[4] 研究表明市场环境的改变将对供应链结构产生影响，针对网络订单的小批量、高频次的特点，物流配送企业不得不改变传统的配送手段。另外，据 ReturnBuy[5] 的统计，电子销售的退货率远远高于传统销售渠道产生的退货率，一般商品方面达到 20%～30%，而一些书刊杂志出版行业甚至达到 50%[6]。退货便捷性已成为顾客衡量电子商务企业服务水平的重要指标，构建退货物流系统也是电子商务企业所面临的紧要课题。

网络订单的履行需要配送体系的高效运作，如果没有完善的配送系统支撑，电子商务业务根本无法开展，因此对于电子商务企业而言，完善的物流配送系统是其实施电子商务的生命线。目前，关于电子商务物流配送系统的研究主要集中在电子商务对供应链结构、物流配送方式的影响，电子渠道与传统渠道间相互作用等方面，对电子商务物流配送系统的选址决策、库存控制、配送路径选择等配送系统构建中几个关键方面的研究还相对较少。这也不难理解为何即使在发达的欧美国家的节假日也有大约67%的网上订单不能按预订时间送达，而12%的圣诞节货品不能及时接收[7]。

综上所述，如何提高网购商品物流配送水平是电子商务企业与相关物流企业所面临的共同课题。当前，我国网购商品终端配送的主要实施主体为第三方物流企业，构建高效的物流配送网络是其承担网购商品终端配送的基础。基于此，本书将对电子商务环境下物流配送系统的特征进行分析，以配送效率与服务水平为归结点，深入研究第三方物流企业的物流配送网络优化问题，构建相关的决策模型与算法，为企业成功实施电子商务提供必要的理论和技术支撑，从而达到推动我国电子商务快速发展的目的。另外，《物流业发展中长期规划（2014—2020年）》也明确提出要加快电子商务物流发展，建立快速便捷的城乡配送物流体系。因此，本书的研究选题具有很强的时代背景和应用价值。

第二节　国内外研究进展

自20世纪90年代起，电子商务在国外逐步进入商业领域，围绕电子商务物流方面的研究引起学界与企业界的注意，也取得了一定的研究成果。电子商务环境下物流配送系统的自身特征，形成了有别于传统商务环境下的物流配送系统。可以说，电子商务物流是一般物流的具体表现，两者既有区别也有同性。从这个意义上来看，现有的传统物流的研究成果可以作为电子商务物流研究的基础。

电子商务物流配送网络优化问题作为电子商务物流系统研究的重要分支，许多学者对其给予了高度关注，进行了相关的研究工作。国内外学者对电子商务物流配送网络优化问题研究内容主要集中在设施选址问题、车辆路径问题、定位－路径问题等方面，并取得了一定的研究成果。

一、物流设施选址的研究现状

（一）物流设施选址问题的研究现状

设施选址问题的研究起源于 20 世纪 60 年代中期，由 Hakimi[8] 在研究通信网络转接中心和高速公路警署的选址问题时首次提出。此后，选址问题吸引了国内外学者的参与，并取得了比较丰硕的研究成果。

国外学者在设施选址问题研究方面已经取得了一系列的研究成果，Aikens[9] 对选址模型进行分类，如简单选址模型、有容量限制的选址模型、需求变动的选址模型等九种选址模型。Magnanti 等 [10] 回顾了 1984 年以前关于网络优化问题的研究成果，并指出网络优化问题大体上可分为四个问题：最小生成树问题、最短路问题、车辆路径问题、设施选址问题，并对设施选址模型的研究成果进行了梳理。Minoux[11] 探讨了以最小成本为优化目标、类似树的多产品网络等形式的优化问题，并综述了相关的解决模型与算法。Balakrishnen 等 [12] 在上述研究成果的基础上对 1985 年至 1997 年间的网络优化研究成果进行了综述性研究，其主要聚焦点为无容量限制网络设计、有容量限制网络设计、网络负载问题、网络恢复问题四个方面。Owen 等 [13] 从战略本质方面对设施选址问题进行综述性研究，主要探讨设施选址时的随机性与动态性的优化方法与模型，其中后者又从可能性分布与情境规划两种方法入手进行了系统阐述。Snyder[14] 从物流设施选址的不确定性角度进行综述性研究，其目的主要有两个：一是描述不确定条件的优化方法与其关注的参数；二是研究优化方法的在选址问题上的应用。Melo 等 [15] 对供应链环境下物流设施选址问题进行综述性研究，对模型特性、选址与库存控制、路径选择的联合决策问题、逆向物流网络选址问题以及供应链优化方法的应用等重要问题进行了阐述。Pokharel 等 [16] 利用搜索工具、书籍及会议纪要等各种手段对逆向物流系统进行了综述性研究，指出当前数学优化模型主要集中在确定性问题上，在由再制造产品的需求与顾客回收产品所引起随机性问题研究方面比较有限。

国内关于设施选址问题研究起步较晚，蔡希贤等 [17] 于 20 世纪 80 年代对国外关于经典选址模型的研究成果进行了介绍，开启了我国学者关于设施选址问题研究的先河。但此后一段时间相关研究工作一度处于停滞状态，直到 20 世纪末，随着供应链管理与物流业的发展，广大学者又关注物流设施选址问题的研究，并取得一定的研究成果。杨波等[18]对照传统的物流配送中心选址问题提出了一个随机化的模型，并从数学角度对该模型进行分析，提出了单配送中心选址问题的一个量化的处理方法。孙会君等[19]在充分考虑物流规划部门与客户双方利益及选址地点对路线安排影响的基础上，应用双层规划法对物流配送中心的选址问题进行了研究。崔小燕等[20]以网络运输总成本和固定设施费用之和为最小化目标函数，建立了具有较少变量的混合整数线性规划模型，应用并行蚁群算法对模型进行求解。汤希峰等[21]以配送时间可靠性作为物流水平的一种测度，并提出了可靠度计算方法，构建了物流中心选址的多目标选址模型。

上述国内外物流设施选址问题的研究主要针对传统商务活动下物流活动，其物流设施选址问题研究大多基于顾客只能被邻近的上层设施实施配送的假设，这种假设在许多供应链问题中是不合理的[22]。基于此，部分学者对允许跨层直接配送的网络优化问题进行了研究。Netessine 等[23]从供应链管理协调角度研究了直接配送（drop-shipping）的影响，构建了由一个批发商与多个零售商组成的两层结构的供应链的博弈模型，分析了单周期内与库存风险分担有关的平衡问题及其对最佳渠道选择的影响。Canel 等[24]综合考虑多层次物流网络的复杂性，建立了多周期、多商品、多层次的物流设施选址模型，模型考虑了同层间商品流动以及跨层商品配送，并设计了融合分支定界法与动态规划法的启发式算法。Troncoso 等[25]以森林工业为研究背景，提出了整数规划动态模型，并考虑了供给地到需求地的直接运输，最后利用 Lingo 软件进行求解获得设施的战略选址。Eskigun 等[26]以汽车行业为背景，探讨了考虑提前期、分销设施定位、配送模式等的外向供应链网络设计问题，且设计了拉格朗日启发式求解算法。Melo 等[27]聚焦供应链网络战略设计，考虑网络设施选址中的库存、多周期、多商品、同层运输、跨层运输、投资总额限制、设施仓储限制等多个方面的因素，构建了多层供应链网络的优化模型。Farahani 等[28]以军事物流系统为背景，研究了支援中心定位问题，以数量最小化与质量最大化为优化目标构建了三层网络优化模型，模型考虑了第一层与第三层间的直接运输，并设计了多阶段算法对其进行了求解。Lee 等 [29] 针对电脑回收过程的特点，构建了融合正向销售物流与逆向回收物流的确定性三层物流网络规划模型，其中正逆向物流都允许 OEM 与顾客间的直接配送，并设计了两阶段启发式算法对其进行求解。Lin 等 [30] 研究四层供应链网络，并允许物流设施间跨层配送，设计的混合进化算法被应用于包含 60 个顾客的算例中。Pishvaee 等 [31] 分两种情况研究了多阶段多渠道网络设计问题，分别为允许工厂直运与禁止工厂直运两种运输模式。针对两种情况相应构建了两个混合整数规划模型，并提出了基于图论的启发式算法，最后用案例验证了模型与算法的有效性。Tancrez 等 [32] 研究了三层供应链网络的选址－库存问题，构建了非线性连续模型，并设计了一个可适用于大规模网络模型的迭代启发式算法。

总体而言，允许直接配送的设施选址问题是传统设施选址问题的扩展，国内对此类问题研究较少。国外学者虽然对这类问题进行了一定程度的研究，但大多优化指标以配送成本为主，对配送时间考虑不够。

（二）电子商务环境下物流设施选址问题的研究现状

电子商务环境下的物流配送具有小批量、多批次、退货率高、配送服务要求高等特点，因此电子商务环境下物流设施选址问题具有一定的特殊性，国内外学者在电子商务环境下设施选址优化问题方面取得了一定的研究成果。Alptekinoglu 等 [33] 研究了一个单产品、多仓库、多零售点的配送模型，以总期望配送成本为优化目标确定了可实施交叉配送的仓库的订单处理与分配策略，并比较了零售点实施配送与配送中心配送的效果。Xu[34] 以网络订单总配送次数最小为优化目标，应用两阶段启发式算法求解电子商务环境下订单流分配问题。Min 等 [35] 以电子商务订单退货网络成本最小化为优化目标，建立非线性混合整数规划模型，并设计了 GA 算法，求解最优选址与数量。Wang 等 [36] 基于中国 B2C 电子商务市场顾客购物的特点，以由一个电子商务企业、数个配送中心及顾客构成的分销网络为研究对象，建立了以企业利润最大化为优化目标的选址－库存的联合决策模型，并设计了遗传算法求解最优选址与数量。Lim[37] 在其博士论文中应用仿真方法研究了网络订单包裹流增加对物流配送网络的影响，以经济效益与时间可靠性为优化目标，应用实际数据对三种决策情景进行仿真分析，得出的结论是现有的配送网络可能会逐步向集中式网络结构转变。Mahar 等 [38] 以延迟网络订单履行为切入点，研究"准动态"分配问题，以库存成本、运送成本、顾客等待成本组成的总成本期望值最小化为目标建立优化模型，求解确定一段时间内积累的网络订单的履行仓库的位置与数量。Mahar 等 [39] 考虑有限规划期内，以运输成本、库存成本、运作成本等构成总成本最小为优化目标，运用数学规划方法求解同时满足网络订单与传统购物需求且受容量限制的区域仓库的最优数量与位置。Lau 等 [40] 应用模糊集理论，构建了 B2C 电子商务环境下包括运输成本、库存成本、配送成本等构成的总成本最小化为目标的模糊模型，应用可能度理论与霍尔维茨定理将模糊模型转化为确定性模型，并设计了改进的粒子群—遗传算法，通过实例验证了所提出的模型与算法的有效性。Lu 等 [41] 基于对淘宝网的实际调查，提出了网店选址的多标准决策方法，该方法分为两个阶段：第一阶段主要分析网店性质，确定候选地址；第二阶段利用模糊理论结合专家评定意见确定最优选址。其中采用模糊数来处理决策所涉及的不确定数据。Mahar 等 [42] 从传统零售商的角度出发，研究当引入网络销售渠道后，零售商如何在众多零售店中选择网络顾客取货点问题，提出了一个融合实时数据的动态取货点决策策略，计算表明该策略可减少包括持有成本、延期成本、失去销售成本、分拣成本的总成本。

　　随着电子商务在我国的快速发展，国内学者对电子商务物流设施的选址也进行了一定的研究。尹秋菊等 [43] 分析电子商务环境下物流特点，提出了物流系统的评价指标体系，并给出模糊评定法的流程。姚卫新 [44] 建立了闭环供应链优化模型，并对电子商务环境下闭环供应链的各种原子模型进行了分析比较。蒋忠中等 [45] 基于 B2C 电子商务企业顾客需求特点，利用分级聚类法模糊估计各个顾客的单位商品配送运输费用，建立 B2C 电子商务中物流配送中心优化模型，并提出采用嵌入表上作业法的遗传算法求解。姚卫新 [46] 研究电子商务环境下正向供应链和逆向供应链一体化时的网络优化问题，提出了面向闭环供应链物流网络成本模型，并采用连续逼近法进行求解。蒋忠中等 [47] 在考虑商品供应成本因素的基础上，结合 B2C 电子商务企业物流配送网络的特点，建立了混合 0-1 整数规划的配送中心选址优化模型，并开发了嵌入表上作业法的遗传算法。白韶波[48] 提出了基于竞争的物流配送中心选址的双层规划模型，并讨论了模型的求解算法，设计了遗传算法，通过与蒙特卡洛模拟退化算法比较得出该算法具有计算优势。蒋忠中等[49] 针对经营多类商品的 B2C 电子商务企业顾客需求总量小、品种多、位置分散等特点，提出用分级聚类法将顾客分类，并模糊估计每类顾客单位重量商品配送运输费用，建立了 B2C 电子商务中多商品配送中心优化设计的模糊规划模型，并设计了嵌入单纯性法的遗传算法对其求解。王晓博等[50] 针对电子商务环境下物流配送特殊性，构建了电子商务环境下物流配送中心选址模型，其中对变动费用与时间约束进行了修改，并提出了定量化的启发式算法与定性化的综合评价法相结合方法。聂规划等[51] 建立了基于成本最小化的配送选址模型，确定费用最小化时配送中心数量及资源点与配送中心、配送中心与用户的供需关系。廖栩栩[52] 分析电子商务环境下物流的特点，建立配送中心选址模型，并采用节约法和层次分析法进行求解。刘芬[53] 考虑电子商务环境下客户分布地区广泛的特点，建立了以物流成本最小和配送时间最短为目标的两级配送系统的优化模型，并采用功效系数法进行了求解。刘开军等[54] 考虑一个传统供应链将市场由单一实体店零售扩大到互联网销售，为满足新增在线零售需求，供应商如何设计新增容量的分配方案。张炎[55] 在其博士论文中分析生鲜农产品物流系统的特点，考虑多种配送渠道模式同时存在时，分别以时间可靠性与品质可靠性为优化目标，构建农产品物流网络的数学模型，并设计了相关算法。周若虹等[56] 以变分不等式理论为基础，构造了由制造商、零售商、消费者与回收公司组成的闭环供应链网络均衡模型，并考虑了网络交易形式，讨论了网络中各层决策者的独立行为及其相互作用，获得了该系统达到均衡的条件。

从上述国内外学者关于电子商务环境下物流设施选址问题的研究成果来看，国内外学者关于电子商务环境下物流设施选址问题的研究对象包括区域分拨（配送）中心、服务网购商品配送的零售店、配送站、顾客自取点、退货收集点等设施。但整体而言，关于电子商务环境下物流设施选址问题的研究成果还较少，特别是设施内部运作时间、设施建设成本随服务顾客数增加而随之变化等因素很少有文献涉及。在求解算法方面，比较常见的包括综合评价法、精确算法、启发式算法等，但在混合算法设计方面研究不够。特别是应用精确算法与启发式算法相结合的算法研究多周期设施选址问题更具有现实意义。

二、终端配送路径与策略问题的研究现状

电子商务环境下终端配送路径与策略主要研究城市内部配送问题，国外学者对此问题进行了不同程度的研究，并取得了一些研究成果。Punakivi 等 [57, 58, 59] 比较了顾客参与配送及不参与配送的运输成本，评价了时间窗长度的影响，得出的结论是宽松的时间限制有利于效率提高，且顾客不参与配送方式相比顾客参与可节省三分之一成本。Lin 等 [60] 利用仿真方法评估了不同的配送策略对电子商务食品企业的运作影响，结果表明通过对时间窗的实施严格控制可有效平衡配送成本与顾客服务水平。Robuste 等 [61] 利用连续近似法建立了时间窗对配送效率的影响模型，结果表明配送车辆容量的增加会使时间窗影响力增加。Du 等 [62] 针对 B2C 电子商务环境下顾客订单具有数量庞大、不可预期性、实时动态性等特征，设计了动态车辆路径问题的三阶段算法，实验表明三阶段算法在行驶距离、配送时间优化等方面要优于单阶段算法。Hsu 等 [63] 研究了从配送提前期的角度寻求平衡配送成本与服务水平的思路，提出了一个非线性利润优化模型，且成本考虑了采购成本、运输成本与仓储成本，案例验算表明差异化战略优于一致性战略。Braysy[64] 研究了家庭护理中便当送货上门问题，构建了带时间窗的多旅行商问题的优化模型，对比使用该模型前后的效用，得出该模型可有效降低车辆运输距离与数量的结论。Asdemir 等 [65] 针对食品网络销售行业配送频率高、利润薄的特点，基于马尔科夫过程建立了动态配送价格决策模型，主要考虑配送车辆容量利用率与最方便配送时间的平衡，该模型根据顾客订单到达时间与顾客选择来动态调整配送价格。Fiegl 等 [66] 以医院为背景，构建动态集送货任务的优化模型，以平均加权流动时间为优化目标，并基于经典调度理论设计了算法，实例表明算法具有较高效率。Klundert 等 [67] 针对零担运输车辆容量

利用低的现状，建立包括在线、离线等外部环境下各种情景下的模型，并开发近似算法进行了求解。Rubrico 等[68]研究静态订单事先给出、新订单随机到达情景下，分拣流程实时动态重安排问题，提出了两种增量静态重编排方法，即最快下降插入法与基于多阶段重编排方法，其中两种方法都基于局部搜索算法进行改进，案例计算表明了两种方法的有效性。

国内学者关于电子商务环境下配送路径与策略方面的研究起步较晚，研究成果较少。蒋忠中等[69]通过将 B2C 电子商务企业的实际物流配送网络描述为由配送中心和顾客两类节点构成的不完全无向图，建立了 0-1 整数规划的物流配送路径优化模型该模型，并设计了 FLOYD 算法与捕食搜索算法对模型进行了求解。刘向等[70]研究电子商务环境下多供给点—多需求点情况的车辆路径问题，考虑多个配送区域联合，沿途多次补货的配送策略，并设计了一种基于几何分析的启发式算法。王晓博等[71]修改传统车辆调度模型，将目标函数改为基于费用最小，在约束条件中增加时间约束、货物容积约束、车辆最大上作时间、多种车型、载重量限制和最大行驶距离等，并采用改进两阶段算法进行求解。李维健[72]针对 B2C 电子商务模式下物流配送特点，建立了配送路径三维约束模型，并设计了融合交换法的禁忌搜索算法。段凤华等[73]针对 B2C 电子商务环境下物流配送路径优化的最基本模型，设计了一种禁忌搜索算法，进行了算例测试和比较。范月娇等[74]界定了面向电子商务企业的物流配送服务半径，运用模糊综合评判决策模型，将层次分析法与德尔菲法相结合确定配送企业的综合物流配送能力，分析表明物流配送服务半径与其综合物流配送能力呈正相关，与竞争对手综合物流配送能力成负相关。李琳等[75]针对电子商务环境下订单配送问题的特点，建立了以车辆行驶费用及订单惩罚费用最小化为目标的数学模型，设计了两阶段启发式求解算法。

通过上述国内外学者的相关研究可以看出，国内学者偏重于结合网购商品配送特点对传统商务下配送问题进行拓展研究，而国外学者更多的是研究网购商品的配送特点对配送效率的影响分析，但还不是很充分，特别是带时间窗且同时考虑顾客不同取货特点的双层配送路径问题研究还未见文献涉及。

三、定位－路径联合决策问题的研究现状

定位－路径问题（Location-Routing Problem，LRP）是战略层面的定位问题与操作层的路径问题的结合，是城市物流配送系统中最为重要的问题之一。传统网络优化问题大多将设施定位问题（Facility Location Problem，SLP）与车辆路径问题（Vehicle Routing Problem，VRP）分开进行研究，但由于这两个问题存在相关性[76]，两者分开进行研究获得的结果往往是次优解[77]，因此从整体的角度研究网络优化问题更符合实际。

国内外关于定位－路径问题的研究已经持续了几十年，并获得了较丰富的研究成果。Nagy 等[22] 对定位－路径联合决策问题进行综述性研究，着重对优化模型、问题变量、算法等重要问题做了系统阐述，并提出了一种分类策略以及一些 LRP 问题扩展模型，同时也对求解算法进行了总结。从定位－路径问题研究发展历程来看，早期的研究较少同时考虑路径容量限制与仓库容量限制，目前两者同时考虑成为定位－路径问题研究的热点，并获得了一些成果。Wu 等[78] 研究了带有配送车辆数量限制的定位－路径问题，并设计了模拟退货算法。Prins 等[79] 对带路径与仓库容量限制的定位路径问题，并提出了拉格朗日—禁忌搜索联合求解算法。Yu 等[80] 研究带容量限制的 LRP 问题，并提出了模拟退货启发式算法。Meysam 等[81] 研究了带直接转运的定位－路径问题，并设计两阶段混合模拟退货算法，并使用随机产生的小型与大型两类算例进行了有效性验证。Ting 等[82] 应用多蚁群优化算法对带容量定位－路径问题进行了研究。金莉等[83] 针对一个钢材销售企业的三级物流网络中的两级设施进行选址－路径问题研究，并设计了嵌入拉格朗日启发式算法的分枝定界求解方法。吕飞等[84] 基于备件需求随机性和时间紧迫性的特征，以供应链二级分销网络的备件物流系统为研究对象，以系统总成本最低为目标，建立了带软时间窗的选址－库存－路径问题模型，并设计了禁忌搜索算法和改进的 C-W 算法的两阶段混合启发式算法。帅斌等[85] 以危险废物物流系统为研究对象，构建了以费用和风险最小化为优化目标的优化模型，并采用 TOPSIS 方法对其进行了求解。

上述研究成果大多研究单层车辆路径问题，即配送网络中仅终端配送考虑巡回配送方式，即使研究的是多层配送网络结构，设施间的运输过程也大

多采用直接运输方式。伴随着城市物流的快速发展，配送服务向"小批量、多批次"的方式发展。此种情况下，即使服务多个顾客的中间层设施的中转量也可能不能超过单车的装载量，此时设施间也采用巡回配送方式更具经济性，此类问题可定义为多层定位－路径问题（LRP-NE）。其中，比较常见的是双层定位－路径问题，双层定位－路径问题（LRP-2E）是指在配送运作中不仅终端配送采用巡回配送方式，而且设施间也采用巡回配送方式，该配送方式比较适用于城市配送活动。事实上，Jacobsen[86]，Madsen[87] 等几位学者于 20 世纪 80 年代就对该问题有所研究，但长期以来一直处于停滞状态，直到最近才重新引起学者的注意。Nguyen 等 [88] 研究仓库、配送站、顾客构建的三层配送网络的两层巡回路径问题，并设计了 GRASP-LP-PR 算法（Greedy Randomized Adaptive Search Procedure-Learning Process-Path Relinking）。从目前研究成果不难看出，双层定位－路径问题（LRP-2E）研究还处于起步阶段，研究成果较少，特别是带时间窗的双层定位－路径问题（LRPTW-2E）鲜有涉及。

另外，针对电子商务城市配送特点，国内外部分学者对电子商务环境下 LRP 问题进行了研究。Aksen 等 [89] 针对传统零售转变为融合传统渠道与电子渠道的混合零售渠道时所面临的分销网络设计问题，构建了静态选址－路径联合决策模型，并应用拉格朗日松弛方法进行了求解。刘必争等 [90] 针对电子商务环境下的物流配送中心的特点，构建了带软时间窗的配送中心选址与车辆路线集成模型，设计了遗传算法与模拟退货算法相结合进行求解。王晓博 [91] 在博士论文中对电子商务环境下配送中心选址问题、车辆调度问题、选址－车辆路径问题都做了相应研究，并提出了各种启发式算法。总体而言，针对电子商务环境下定位－路径问题研究较少，特别是同时考虑顾客自取与送货上门两种终端配送方式的带时间窗双层定位－路径问题还未有文献涉及。

四、研究进展小结

通过对现有文献综述研究来看，电子商务物流配送网络研究越来越受到国内外学者的关注，并取得了一定的研究成果，主要体现在两个方面：

（1）研究内容在不断深入、研究思路逐步扩宽，研究手段越加多样化。

（2）针对电子商务物流特点，对电子商务物流配送网络优化问题进行了卓有成效的研究工作，并取得了一定的研究成果。

虽然目前关于电子商务环境下物流配送网络研究取得了一定的成果，但也存在明显的不足之处，主要表现在以下几个方面。

1. 考虑直接配送方式与设施内部运作时间的多渠道物流设施选址问题研究较少

现有大多数的物流设施选址问题针对的是单一配送渠道方式，而随着顾客对配送时间的要求越来越高，单一配送渠道显然已经不能满足顾客多样化需求。同时信息技术、计算机技术等高科技在物流运作中的普遍应用，为多渠道配送提供了技术支撑。然而，目前关于考虑直接配送的设施选址问题的研究较少。另外，传统模型大多忽略设施内部运作时间，导致配送全过程时间的估计不足，也会影响整体决策。

2. 鲜有文献涉及同时考虑顾客自取与送货上门两种终端配送模式的双层定位－路径问题的研究

网购商品的终端配送策略包括顾客自取与送货上门两种模式，前者一般没有配送时间限制，而后者有时间窗限制。现有研究文献或者只考虑时间窗限制，或者不考虑时间窗限制，显然这很难适用于电子商务环境下配送路径问题。另外，双层定位－路径问题作为单层定位－路径问题较新的分支，其在解决城市拥挤、环境污染等方面提供了一种新的解决思路，已引起国外学者的研究兴趣，但面对网购商品配送的双层定位－路径问题的研究鲜有文献涉及。

3. 针对多周期、多层、多类顾客的配送网络优化问题的研究较少

电子商务的快速发展必然带动终端配送需求的增加，这要求物流企业的配送网络结构应具有可扩展性。在配送系统规划时，从多周期、动态的角度设计配送网络更符合实际。传统的动态配送网络优化问题已获得了一定的研究成果，而考虑多层、多类顾客的城市物流配送网络动态规划问题作为其一个新的扩展形式还研究较少。

4. 缺乏对退货逆向物流配送网络问题的研究

退货处理成为电子商务企业面临的重要问题，提供订单终端配送服务的第三方物流企业成为退货实施主体的首选。关于退货物流配送网络优化问题，考虑整合退货物流与正向物流、退货便捷性、退货方式、多层巡回配送等因素研究配送站与初始收集点的位置与数量以及各设施的服务范围，更具有实际意义。然而，这种从整体的角度研究退货物流配送网络优化问题还比较缺乏。

研究电子商务环境下物流配送网络优化问题，首先，需要对该类问题进行系统化的认知研究，把握问题的本质特征；然后，确定具体研究对象，并分析研究对象在配送网络构建时面临的主要问题，进而理清这些问题的相互关系；最后，针对这些问题进行深入研究，从而全面认识与掌握电子商务环境下物流配送网络优化问题。

第三节　研究问题界定

一、研究对象确定

电子商务物流的实施模式通常包括电子商务自建式、第三方物流外包式以及自建/外包混合式。实施模式不同，相应的研究目的和研究对象也就不同。据调查，我国电子商务企业的在线商品配送大多采用自建/外包混合式，其配送网络构建采用自建区域运营中心和外包终端配送相结合的方式。

以亚马逊中国为例，目前自建了 15 个运营中心，分别位于北京（2 个）、广州（2 个）、成都（2 个）、武汉、沈阳、西安、厦门、昆山、上海（2014年 1 月运营）、天津、哈尔滨、南宁，这些运营中心厂商收货、仓储、库存管理、订单发货、调拨发货、客户退货、返厂、商品质量安全等，而除北京、上海等少数特大城市的终端配送由亚马逊快递公司服务外，大部分地区的终端配送采用与第三方物流公司合作的方式实施。除亚马逊中国外，当当网、京东、聚美、凡客等大多电子商务零售企业也采用这种配送体系构建模式。

从这一点看，第三方物流企业的终端配送服务水平是决定着电子商务能否成功实施的关键。基于此现实，本书以自建/外包混合构建模式的电子商务物流为背景，以第三方物流企业为研究视角，探讨第三方物流企业在服务电子商务企业时所面临的物流配送网络优化问题。

二、研究问题描述

物流配送网络是第三方物流公司实施配送的基础，构建高效的物流配送网络是公司考虑的首要问题。研究物流配送网络构建问题，首先，需明确该问题的构成要素；然后，分析各构成要素间的关系；最后，采用各种理论方法优化各阶段问题。

服务在线商品的第三方物流企业物流配送网络主要包括区域分拨（配送）中心（第一级设施）、城市配送中心（第二级设施）、配送站（第三级设施）、顾客自取点、顾客、货物流向、运载工具、约束条件等要素。

1. 区域分拨（配送）中心

区域分拨中心在第三方物流企业物流配送网络中处于枢纽地位，承担电子商务企业仓库与城市配送中心间的货物交流。其主要服务功能包括集货、分货、拣选、配货、包装、退货处理等。在本书的研究中，区域分拨中心作为最高级设施参与问题的研究。

2. 城市配送中心

城市配送中心是将集货、分货、中转、配货、配装、送货等多种服务功能融为一体的物流结点。随着城市物流配送体系日趋完善，未来第三方物流企业的城市配送中心一般都位于城市物流系统中的物流园区或物流中心内。从这个意义上说，第三方物流企业的城市配送中心的位置可能事先已经确定，也可能要从诸多已规划的物流结点中选择一个作为建设据点。

3. 配送站

一般适用于较大城市的配送体系中，起到中转城市配送中心与顾客间的货物交流，其功能包括配货、包装、退货处理等。

4. 顾客自取点

顾客自取点是物流公司为了方便顾客就近取货所设立的收货点，一般为超市、便利店、加油站、报刊亭等。

5. 顾客

本书研究的是在线顾客，根据顾客接受商品的方式，又可分为商品自取式的顾客与送货上门式的顾客。顾客的属性包括客户的地理位置、交通条件、需求特征、配送时间窗等。

在线顾客地理位置分布较广泛，可能在郊区，也可能在市区。为了研究方便，结合实际配送情况，本书以单个邮政编码内顾客为单位构成顾客单元，以城市为单位构成顾客区。而顾客的交通条件相通性较好，即任何两点间都有道路相连，配送比较方便。

在线零售顾客的需求一般只有一件或数件小型商品，呈现小批量的特点。虽然顾客对商品需求存在多样性，但由于网购商品配送都采用标准化包装，从配送对象来看可以认为是一类商品。从顾客单元的需求量来看，也一般小于配送车辆的最大装载量。因此城市终端配送一般要采用巡回配送方式。随着电子商务零售的快速发展，顾客单元或顾客区的网购商品配送量会日益增加，从而会引起配送网络结构的变化。另外，在线顾客对配送服务不仅存在收货需求，还存在退货需求。

配送时间是指顾客从在线下订单到收到商品的间隔时间。在线顾客一般对配送时间具有较高要求，这是电子商务区别于传统商务的主要特点。但从收货时间来看，一般又分为无时间窗限制与有时间窗限制，前者主要针对由顾客自取点服务的在线顾客，后者主要面向送货上门的顾客。本书将采用提前等待、拖后无法完成配送的严格配送时间要求策略。

6. 货物流向

在线顾客下订单后接受商品的过程成为货物正向流通。但当顾客由于货物的破损、不符合要求等原因退货时又会产生顾客到电子商务企业仓库的退货流通过程。若网购商品退货业务也由第三方物流公司负责，则第三方物流公司研究物流配送网络优化问题时不仅要讨论正向销售物流的优化问题，而且还要研究企业承担退货物流时的配送网络优化问题。

7. 运载工具

运载工具的主要属性包括运载工具类型、装载量、单次配送的最大行驶距离、行驶路径等。

运载工具类型主要包括货车、火车、船舶等，本书研究的第三方物流企业采用运载工具为卡车。运载工具的装载量是指单车最大的装载重量或最大装载容积。根据本书研究内容，第三方物流企业使用的配送车辆按装载量主要分为三类，分别为大型货车、中型货车、小型货车或电动车，其中大型货车应用于电子商务企业仓库到第三方物流企业的区域配送中心间的配送活动，以及区域配送中心到城市配送中心间的配送活动；中型货车应用于城市配送中心到配送站；而小型货车应用于城市配送中心或配送站到终端顾客。

对于单车单次配送的行驶距离要求存在以下几点：

（1）无运输距离限制。

（2）有运输距离限制。

基于目前货车补充能源的便捷性，本书研究时不考虑运输距离限制。关于货车的行驶路径，限制车辆配送起点与终点相同，即属于封闭车辆路线问题。

8. 约束条件

基于第三方物流企业的电子商务物流配送网络优化问题的约束条件主要包括：

（1）满足顾客对配送时间的要求。

（2）设施的进货量应等于出货量。

（3）满足顾客对货物品种、规格和数量的要求，并且配送车辆达到顾客位置时间不能超过顾客要求的最迟送货时刻。

（4）单车配送过程中的装载量不能超过其最大装载量。

通过上述对服务网购商品的物流配送网络的构成要素分析，并结合对第三方物流企业的调研结果，3PLs 构建面对网购商品的物流配送网络时常需要对以下几个方面进行决策：

（1）如何确定合理、科学的步骤进行物流配送网络规划布局？

（2）物流节点采用什么样的建设方式，自建还是租赁？

（3）如何确定区域分拨中心与城市配送中心，让整个物流配送网络在配送成本与配送效率之间达到平衡？

（4）城市内配送网络结构如何，采用单层还是两层？若采用两层，配送站应规划建设在何处以及各配送站的服务范围与车辆路径如何规划？

（5）当面临配送业务剧增时，如何调整配送网络结构？

（6）若配送企业为电子商务企业提供退货处理等拓展服务时，物流配送网络又将如何调整？

对于上述问题，第三方物流企业一般都缺乏科学的物流配送网络的优化方法。为此，本书结合现有关于物流配送网络优化方法的研究成果，针对第三方物流企业在配送网络规划时急需解决的问题，确定了基于第三方物流企业视角的电子商务物流配送网络问题的研究内容：

（1）域配送中心与城市配送站的选址问题。

（2）城域内带时间窗的终端配送静态选址－路径问题（LRPTW-2E）。

（3）城域内带时间窗的终端配送动态选址－路径问题（DLRPTW-2E）。

（4）整合退货物流的闭环物流配送网络优化问题。

上述几个问题的有效解决，将为第三方物流企业构建面向网购商品的物流配送网络优化问题提供理论支撑。特别适用于已拥有仓库设施的第三方物流企业在拓展网购商品城市配送业务时所面临的物流配送网络优化问题。

第四节　研究内容与思路

通过对相关文献的查阅和电子商务环境下物流配送系统的实践分析，扩展现有研究的广度与深度，以顺利实施电子商务提供理论与技术支持为目标，本书以第三方物流企业为视角对电子商务环境下物流配送网络进行优化研究。在第三方物流企业的城市配送中心位置已经确定的前提下，本书首先确定承接电子商务企业仓库货物的区域配送中心的选址问题；其次，以城市配送中心位置确定为前提，依据潜在的配送站位置、顾客单元的分布情况，配送时间窗等要素确定城市内配送站选址与车辆路线问题；再次，以电子商务零售业快速发展为背景，研究城市内动态的配送站选址与车辆路线问题；最后，研究当第三方物流企业承担退货处理业务时物流配送网络的优化问题。鉴于本问题的复杂度，本书将综合运用物流学、图论、运筹学、可靠性理论、系统工程理论等学科的相关理论与方法，对各问题进行深入研究，构建了相关优化模型与算法。本书研究内容与思路具体如下：

第一章，以全球电子商务快速发展为时代背景，以配送服务在成功实施电子商务过程中的重要性为依托，阐明本书研究的意义；对国内外研究现状进行分析与总结，指出现有研究的不足；对本书的研究范围进行界定，提出本书研究内容与思路。

第二章，主要对电子商务环境下配送特征与网络结构进行系统研究，较为全面地阐述电子商务物流内涵、物流配送系统的特征、配送渠道特征、配送系统构建模式以及电子商务环境下几种常见的配送网络结构。在此基础上，进一步分析物流配送网络混合构建模式下，第三方物流企业物流配送网络结构特点，以及配送网络优化时面临的挑战。通过以上分析和探讨，形成对电子商务物流配送系统的全面、系统的认识，进一步明确本书研究的对象和目的，从而为后续研究打下基础。

第三章，研究电子商务环境下物流配送网络中区域配送中心选址问题。首先，以由设施内部运作时间与设施间运输时间所构成的网订商品配送提前期作为配送服务水平的一种度量，并给出订单配送提前期的求解公式；其次，将提前期时间成本引入优化模型的成本结构中，并构建多渠道配送模式下物流配送网络区域配送中心选址优化模型；最后设计引入局部搜索算法及扰动策略的改进型遗传算法对该模型进行求解，并与其他算法的计算结果进行比较分析。

第四章，研究城市配送站选址问题。首先，分析城市配送站选址的影响因素，从而确定城市配送站选址的评价指标体系；其次，基于城市配送站评价指标体系特征，选择评价模型；最后，通过案例验证所提出的评价模型的有效性。

第五章，研究电子商务环境下城市配送网络优化问题。首先，在考虑两种终端配送方式的基础上，以配送成本最小化为优化目标构建带时间窗的双层配送网络选址–路径模型；其次，针对模型特点，设计融合 C-W 节约算法与变邻域下降算法的混合遗传算法，并通过算例验证模型与算法的有效性。

第六章，研究电子商务环境下城市配送网络动态规划问题。以电子商务零售快速发展为研究背景，首先，以配送网络总成本最小为优化目标，建立同时优化配送站选址、商品流分派、车辆路径决策等方面决策的数学规划模型；其次，设计基于动态规划思想的混合遗传算法对该模型进行求解，并通过与其他算法进行比较验证该求解思路的寻优能力。

第七章，研究考虑退货处理的闭环供应链物流配送网络优化研究。在给出配送网络退货便捷度计算公式的基础上，构建以退货便捷度最大化和配送收益最大化为目标的多目标数学规划模型。在多目标优化模型转化为单目标优化模型的基础上，设计混合遗传算法进行求解。

第八章，对本书研究工作进行总结，并指出本书研究的不足以及该领域未来的研究方向。

本书研究的技术路线如图 1–2 所示。

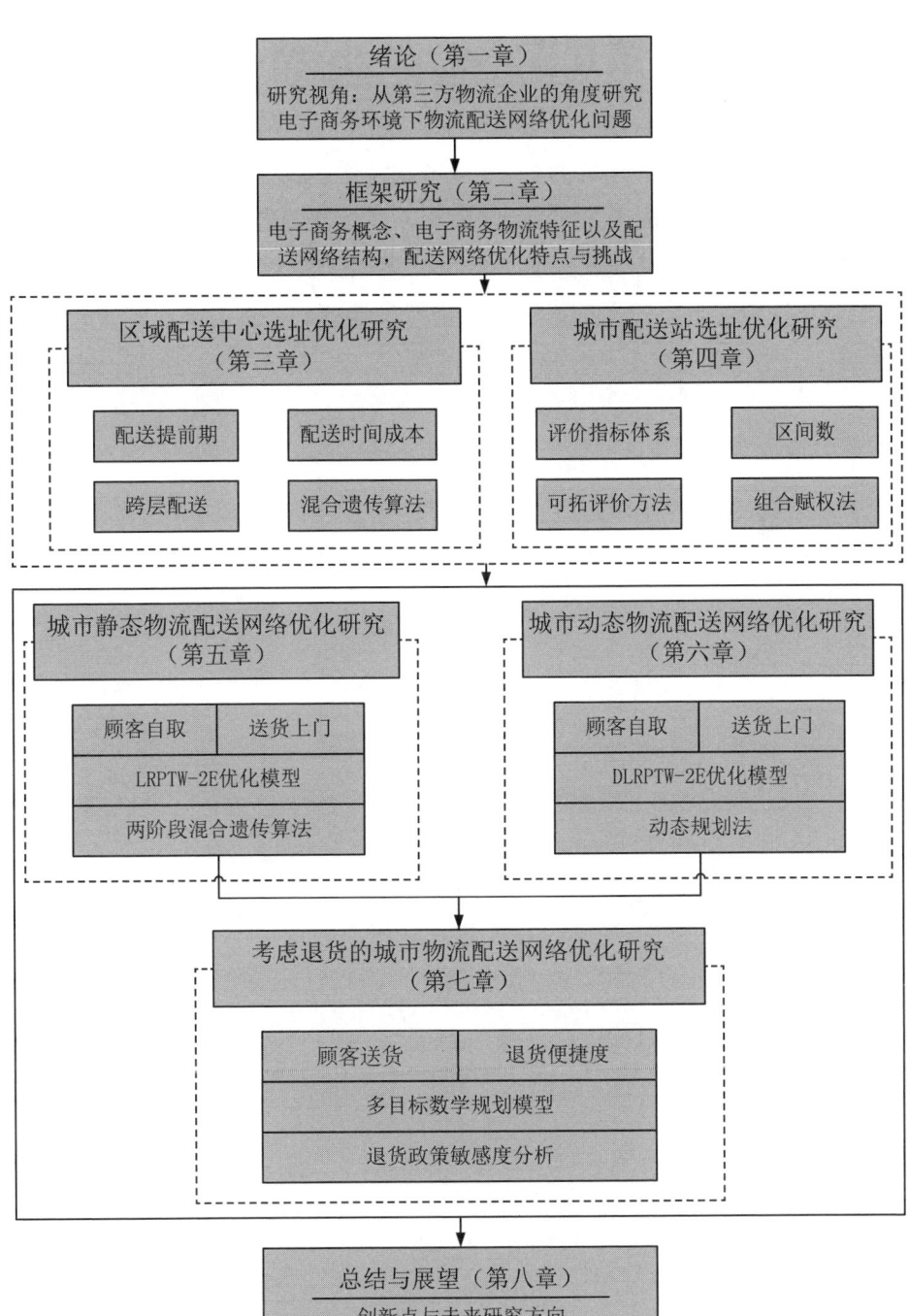

图1-2 本书研究的技术路线

第五节 本 章 小 结

　　本章从电子商务快速发展和电子商务物流配送服务的重要性入手，阐述了研究电子商务物流配送系统的重要意义。在此基础上，对相关研究文献，主要包括物流配送网络设施选址、终端配送路径与实施策略设计以及定位－路径联合决策问题等方面的研究成果进行了综述，并指出了现有研究的不足。基于这些不足，界定了本书研究的范围，提出了本书的研究内容与思路。

第二章　电子商务及其物流配送网络设计框架研究

第一节　电子商务基础分析

一、电子商务内涵

电子商务改变了人们的家庭生活、学习、工作、政治生活乃至娱乐活动，其中最明显的变化表现在经营方式上，带来了一些新的经营模式，比如网上支付、网上股票交易、网上订票、网络购物等。就如管理大师彼得·德鲁克所言，电子商务对人类的影响表现在人们看世界的方式和生活的方式等各个方面 [92]。

电子商务是通过互联网进行的网络购买和出售产品及服务的一种方式。但是电子商务除了购买与销售功能外，还包括在线学习、在线政务、虚拟社交及其他方面的应用。根据 Mckay 与 Marshall[93] 的观点，电子商务是指利用互联网及其他信息技术来支持商务活动并改善企业绩效水平的一种方式。本书主要以实物买卖这种电子商务业态为背景进行物流配送网络优化问题。

二、电子商务分类

根据产品（服务）的类型、销售流程和销售中间商的数字化程度的不同，电子商务包括多种形式。Whinston 等 [94] 构建了一个框架来解释三维上的可能组合，如图 2-1 所示。从图 2-1 中可以看到，传统商务在三个维度上都是实体的，完全电子商务的所有维度都是数字化的，而其他为不完全电子商务。

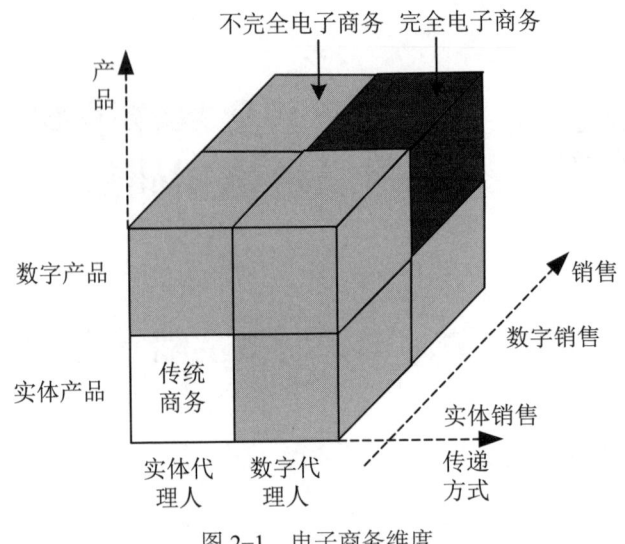

图 2-1 电子商务维度

电子商务另一种常见分类方式是按照交易的性质或者交易参与方之间的关系进行分类，其中比较常见的电子商务模式如下。

1. 企业—企业（B2B）电子商务

B2B 是指企业与企业间的在线商务模式，例如，戴尔与其供应商间的部分贸易就属于 B2B 电子商务。

2. 企业—消费者（B2C）电子商务

B2C 是指电子商务企业面向终端消费者提供产品或服务的零售商业模式，例如，卓越亚马逊、当当网等的典型购买者是个体销售者或顾客。这种类型的电子商务也被称为电子零售。

3. 消费者—消费者（C2C）电子商务

C2C 是指消费者之间直接进行交易的在线零售模式，例如，淘宝网的商业模式就是 C2C。

除了上述三类电子商务模式外，还有企业—员工（B2E）、消费者—企业（C2B）、网上（电子）学习、网上（电子）政府、交易所—交易所（E2E）等。

这里需要说明的是，B2C 电子商务与 B2B 电子商务两种商业模式的界限并非总是十分清晰，例如，亚马逊图书主要销售对象是个人（B2C），但同时也面向社会团体销售（B2B），而亚马逊在线图书的主要竞争对手巴诺书店仅将机构作为主要服务对象；沃尔玛则既服务个人也服务机构（通过山姆会员店）；戴尔公司通过戴尔网站同时面向个人和机构销售计算机产品。为了便于研究，本书研究的电子商务环境主要从交易的产品类型来确定，主要探讨面向交易终端产品的电子商务模式下的物流配送网络优化问题。虽然这里涉及机构对机构（B2B）电子商务模式，但本书依然将其视为电子零售的一种特殊形式，只是交易商品数量较多而已。

三、电子商务的实施组织与对象

基于研究考虑，这里仅给出电子零售商的分类划分情况。根据采用的销售渠道不同，电子商务零售企业主要包括以下几种。

1. 虚拟零售商（Virtual or Pure-Play Organization）

该类企业没有设立实体店，销售活动主要通过电子渠道来完成，如卓越亚马逊、当当网等企业都属于虚拟电子零售商的典范。

2. 鼠标加水泥零售商（Click-and-Mortar Organization）

鼠标加水泥零售商是指同时采用电子渠道与传统实体店渠道销售商品的零售商。如今，许多传统零售企业（Brick-and-Mortar Organization）都通过引入电子商务渠道向鼠标加水泥零售商转变，例如沃尔玛与玛莎百货公司等。同时一些"Pure Play"电子商务企业也开始建立实体店，如戴尔公司。

3. 直销制造商

直销制造商是指制造商通过在线平台将产品直接销售给不同的客户，直销制造商通过与消费者直接接触，可以更好地了解市场，同时消费者也可以获取产品更多的信息。

不管虚拟零售商、鼠标加水泥零售商还是直销制造商在引入电子销售渠道时，首先面临的一个问题：什么样的产品适合通过网络来销售？即不是任何产品都受在线顾客青睐。据埃弗雷姆·特班等[92]研究表明，如在线环境条件都相同时，品牌知名度高、价格相对便宜、高度可靠或知名供应商提供担保的商品有助于提高销售额。根据中国互联网络信息中心[95]统计，消费者在线购买服装、家具等生活用品的销售额逐年扩大。2010年，在线市场上服装鞋帽销售最为旺盛，占购买用户人数的70.1%；电脑数码产品为31.6%，排名第二位；其次为图书音像制品，比例为31.4%。

第二节 电子商务环境下物流配送特性分析

一、电子商务物流内涵

电子商务的顺利实施不仅需要相应的科学技术作为基础，还必须以完善的电子商务物流配送系统作为支撑。因此对于电子商务企业而言，完备的电子商务物流配送系统是顺利实施电子商务的生命线。

根据王之泰[96]教授观点，电子商务物流是指支持和伴随电子商务的物流活动，具体包括集货物流和配送物流两种物流活动。

1. 集货物流

集货物流是指电子商务企业进行集中采购和集中库存，把多个地点和多个企业的货物集中所发生的供应物流活动。

2. 配送物流

电子商务企业利用配送方式对商店或者直接对最终消费者施行供应的物流活动。特别是后者，如何解决终端配送任务是电子商务企业面临的最重要课题。

在电子商务环境下，各种交易活动，包括物流服务交易变得十分便利，但在线订单的配送需要订单履行活动来完成。订单履行（order fulfillment）是指客户订单下达后组织商品，并按时将客户所订商品配送到其手中的活动。从该定义来看，电子商务订单履行不仅包括按时提供消费者所购商品，而且还要为他们提供相关的客户服务。订单履行不仅重要而且困难，订单履行的重要性体现在订单履行的好坏对企业的声誉、消费者满意度和忠诚度至关重要；而困难性则是因为经营方式交易观念的变化引起的。

二、电子商务物流配送特征

电子商务环境下物流配送特征主要包括以下几个方面。

1. 小批量、多批次

电子商务网站为制造企业或分销企业直接与终端客户进行直接交易提供了平台，而终端客户一般所需商品购买主要是为了满足个人或家庭的日常需求，呈现单次商品需求量小，购买频次高等特点。

2. 需求多样化且不确定

相比于传统零售商一般仅销售需求频率高的商品，电子商务打破了时间与空间的限制可通过网络销售更加广泛的商品种类，从而导致一次配送服务中可能涉及多样化商品的配送需求。另外，客户的需求具有在数量、批次和位置上的不确定性，这给配送服务的管理带来了巨大挑战。

3. 配送需求个性化

电子商务配送面对的顾客更加多元化，因此每位顾客对配送的要求呈现个性化特点，对配送时间的要求也不相同，为此配送企业不得不提供多样化的配送服务，如普通配送、加急配送等配送服务。

4. 配送管理虚拟化

在传统商务环境下，需求一般发生在实体店，顾客需求商品一般不需要实施配送。而电子零售时，顾客需求的满足地并不受顾客控制，电子零售商通过建立"虚拟仓库"控制分散各地的仓库，从而根据现有仓库情况决定由自身仓库服务还是由供应商直接配送（drop-shipping）来满足网络订单需求。

5. 订单可视性高

基于高效的网络技术支撑，电子商务企业可以向顾客提供订单的实时信息，包括所订货品的库存信息，配送车辆在途信息。从顾客服务的角度来看，提供订单可视性是非常重要的，因为相比在零售店购买商品，顾客对在线所订商品缺乏实体感受，且需求满足存在时间滞后，可视性可增加顾客对电子商务企业的信任度。但对电子商务企业而言，其影响并不总是正面的，如在库存短缺时，在线库存实时信息可能减少订单数。

6. 退货率高

在线订货的退货率较高，且处理退货较难。电子商务所售商品退货率远远高于传统商务退货率，这主要是因为顾客在购买之前不能触摸或感受这些商品。退货过程必然产生退货处理问题，对于拥有零售店的电子商务企业而言，退货处理相对容易，否则退货将是企业面临的十分棘手问题，必将增加逆向流的成本。

由此可见，电子商务环境下物流配送具有自身鲜明特征，表 2-1 显示了电子商务物流与传统商务物流配送特征的对比情况。

表 2-1　传统商务物流与电子商务物流配送特征比较

传统商务物流配送特征	电子商务物流配送特征
➤ 客户订单履行方式单一； ➤ 客户需求量较大，易采用标准化或单元化运输方式； ➤ 客户需求稳定且连续，变化幅度不大； ➤ 客户所购货品价值额一般较大； ➤ 单向产品运动，很少有退货； ➤ 库存受预测结果决定； ➤ 送货目的地集中； ➤ 一般都有仓库	➤ 订单履行面向个体； ➤ 订单批量小，送货批次多； ➤ 客户需求是随机的，具有季节性与分散性； ➤ 货品价格一般不高； ➤ 双向产品运动，退货频繁； ➤ 根据客户实际需求决定库存； ➤ 客户位置分散； ➤ 只有较大企业拥有自己仓库（如亚马逊）

三、电子商务物流配送策略

订单履行问题并非电子商务物流所独有，在传统商务环境下同样存在，同时很多在传统商务中可行的解决方案在电子商务环境下同样适用，例如比较流行的库存管理方案仓库管理系统（WMS）。另外，不同性质的电子商务物流配送问题，一般有不同的应对方案，例如，针对电子商务订单需求的不确定性，Browman[98] 与 Vitasek 等 [99] 创新性提出了物流延迟策略。基于本书研究内容，本章主要从终端配送策略和退货逆向物流两个方面论述电子商务物流配送策略。

（一）终端配送策略

终端配送是指面向终端客户的物流配送活动，客户需求具有分散、不确定、小批量、多批次等特点，解决此类问题需要完善的配送系统以及适当配送策略。从顾客服务的角度来看，构建仓库到终端顾客的"最后一公里"桥梁的思路有两种 [100]：①送货上门；②顾客自取。

1. 送货上门

送货上门配送方式按照顾客是否参与配送，可分为参与式配送与非参与式配送 [101]。虽然顾客非参与式配送增加了配送服务的弹性，且该配送模式对商品类别比较敏感，仅适用于能容易且安全储存的商品，例如美国在线食品商 Streamline 就是因为不能回收在冷冻接受箱方面的投资而倒闭。对于参与式配送模式而言，配送时需要顾客在家，且企业与顾客需要在配送时间窗上达成协议。时间窗的长度与服务时刻对顾客的配送服务感受影响较大。同时，这些因素也会影响商家的配送费用，如何较好地平衡配送费用与配送服务是巨大挑战，尤其是在食品竞争市场环境，例如食品市场。

2. 顾客自取

顾客自取配送模式根据顾客取货地点不同，主要包括以下几种：

（1）配送至指定取货点：该配送方式下顾客可以在方便时间到指定的取货点取货，取货点可以由商家指定，也可能由顾客指定，例如零售店、咖啡屋、报刊亭等。

（2）配送至工作地点：相对于前一种，该配送方式既可规避时间窗限制，同时也避免了顾客由于取货而花费的时间成本。但同时该配送方式的实施需要顾客有带货回家的车辆，除非所购货物较轻。

（3）实体店取货：该配送方式一般适用于拥有实体店的电子商务企业，顾客可以在方便的时刻去最近的实体店取货。

（二）退货逆向物流

逆向物流就是指在线客户当对所购买的产品不满意而退回给电子商务企业时产生的物流活动。波士顿咨询公司发现"缺乏良好的退货机制"是购买者拒绝经常进行网上购物的第二大理由[102]。Ellis[103]研究表明好的退货策略对成功开展电子销售业务至关重要。电子商务企业的退货物流处理策略一般包括以下4种。

1．将商品返还到购买地

这种方式在传统销售模式较易做到，但在电子商务环境下顾客将在线商品退还给商家，需要打包、付运费等流程，然后运送到商家仓库，该退货处理方式一般适用于退货数量少且商品昂贵的情况。

2．退货商品与正向销售商品分离

该退货处理是指退还的商品被运送到一个独立的退货处理中心，并被单独处理。这种方式虽然可以提高商家的效率，但对顾客的退货参与程度不能减少。

3．完全外包退货

这种方式是指将商品退货交给第三方物流企业处理，有时还包括正向销售物流。

4．由顾客送至退货收集站

电子商务企业或物流公司事先设置一些退还货品的场所，例如便利店、联合包裹服务公司店等。顾客可以对不满意商品按就近原则退货至退货收集站。

四、电子商务物流配送渠道

配送渠道是指以配送为中心的物流服务体系，在商品市场经济条件下，卖家使用一定的手段和工具将产品送达销售终端所需要的过程。配送是商品市场发展的产物，随着电子商务的快速发展，传统的大批量、少批次的物流配送活动逐步被小批量、多批次的配送活动所取代，同时对配送渠道结构也产生了影响。

在传统商务环境下，商品从工厂到顾客的配送渠道一般要经过多个环节，如图2-2所示。在该配送渠道中，工厂、区域分销中心、零售店都会存有库存以应对顾客需求，而顾客订单需求点（Customer Order Point）主要位于零售店，即该配送渠道需要顾客亲自到零售店去选购商品。

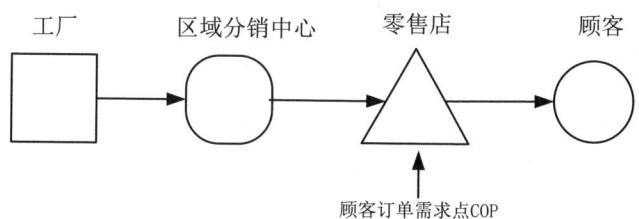

图2-2　传统商务环境下的配送渠道

随着电子销售渠道的引入，顾客可以通过电子商品平台在线订货，从而产生了多种不同的配送渠道形式。以图2-2所示的传统商务配送渠道为基础，可构成三种不同的电子商务配送渠道形式（图2-3）：

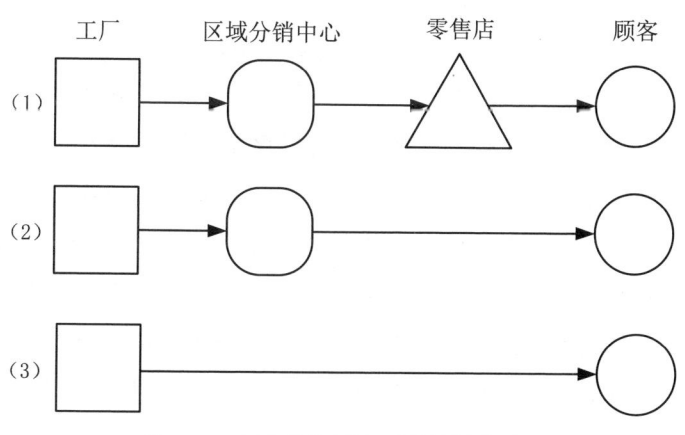

图2-3　电子商务环境下配送渠道形式

（1）与传统商务配送渠道类似，这里零售店可以作为顾客通过网络订货后的取货点，例如海尔商城。

（2）移除零售店环节，顾客的在线订单通过城郊仓库采用送货上门的方式实施配送，例如苏宁易购、卓越亚马逊。

（3）采用从工厂到顾客的直接配送方式满足顾客的在线订货需求，如戴尔公司。

电子商务环境下配送渠道选取受商品需求特性、价值、顾客配送等因素影响，如高价值、低需求量且需求不可预测等商品采用工厂到顾客的直接配送渠道更有效益。实际上，当前电子商务企业一般不会仅采用单一配送渠道，会根据顾客需求与商品特性采用多种配送渠道混合的配送模式，例如亚马逊以区域分销中心配送为主，而与对于诸如手机、计算机、非畅销书籍等部分商品采用供应商直接配送模式[104]。为了研究方便，将多渠道配送模式表述为：企业实施商品配送时，存在多种配送渠道或流程的一种配送形式。

第三节　电子商务物流配送网络

一、物流网络内涵

物流是指物品从供给地向接受地的实体流动过程，根据实际需要将运输、储存、装卸、搬运、包装、流通加工、配送、信息处理等基本功能进行有机结合[106]。物流的实施必须要有物流网络来支撑。物流网络的概念在国内外的相关学术论著中都有所提及，不同论著从不同的角度对物流网络的内涵进行界定。王之泰教授[107]在《现代物流管理》一书中提出：线路和节点相互关系、相互配置因其结构、组成、联系方式不同，构成了不同的物流网络，这主要是从网络线路和节点两个基本要素来解释物流网络的内涵。而我国国家标准《物流术语》中将物流网络定义为物流过程中相互联系的组织与设施的集合[106]。

二、电子商务环境下物流配送网络结构

商品配送是成功实施电子商务业务必不可少的环节，从某种意义上来看，配送服务是决定电子商务企业整体营利性的一个关键因素，因为它直接影响着供应链的成本，又直接影响着顾客的体验。因此，必须设计适合的配送系统来支撑在线订单的配送服务，但同时并不存在统一标准的配送网络结构。例如戴尔公司采用直接配送模式；而 B2B 分销商 Grainger 公司采用自身库存配送为主，制造商直接配送为辅的配送模式，两者都取得了成功。由此可见配送网络也存在多样性，好的配送网络可降低配送成本同时提升顾客服务水平，反之则将对企业产生很大的负面影响。

评价电子商务环境下配送网络绩效可以从成本与服务水平两方面来看，成本方面主要包括运输成本、库存成本、运作成本等；服务水平主要包括响应时间、产品可获得性、顾客体验、订单可视性、可退货性等几个方面。另外，这些绩效指标间也存在效应悖反关系，如库存成本与运输成本；同样地，响应时间与产品可获得性也存在这种关系，因为即使大型电子商务零售商亚马逊存储比传统零售商多得多的书籍种类，也不可能把各类书籍都包括在内，需求量少的书籍需要从供应商处采用直接配送方式满足顾客需求，相应的响应时间变长。

Chopra[108] 指出经营者设计一个配送网络时主要考虑两个关键决策：

（1）商品是配送上门还是指定取货点由顾客自取。

（2）商品配送是否需要经过中间环节？

根据企业所属行业的不同对于这两个问题的回答也相应不同，为此，Chopra 给出了六种不同的配送网络结构，并分析了各自的优缺点。李美燕博士 [109] 在此基础上结合我国工商企业特点也总结了六种配送系统结构。由于两位学者提出的配送网络结构并非以电子商务为设计环境，因此在配送网络设计时存在电子商务对配送网络结构设计的影响考虑不足的缺点，为此，本书以目前电子商务企业的配送网络构建实践为基础，总结出几种电子商务企业比较常用的配送网络结构选择方案。

（一）工厂存货、直接配送

在这种配送网络结构中，由制造商工厂存储货品，顾客通过电子商务平

台下订单后，信息系统根据各工厂的库存情况分派配送任务，如图2-4所示。该配送网络适合于采用直销模式的制造商或电子零售企业，如eBags几乎不存在库存；戴尔公司将根据顾客定制化PC直接销售给顾客，采用的也属此类网络。

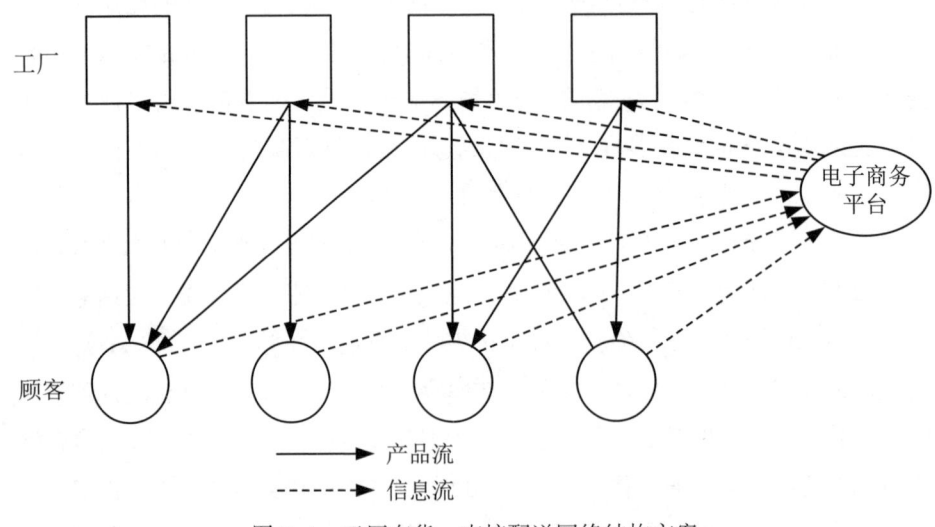

图2-4 工厂存货、直接配送网络结构方案

该配送网络结构的最大好处就是将所有库存都集中在商品制造商工厂里，集中度较高，这样较少的库存水平也可以获得较高的产品可获得性。由于缺乏中间配送环节，制造商可直接面对顾客需求，满足顾客的个性化定制要求，同时也可提供高水平的产品多样性。虽然存在诸多优点，但同时存在配送成本较高、顾客响应时间较长，可退货性较差。另外，对于订购多种产品的顾客而言，由于各工厂配送时间的不一致，导致顾客必然需要多次接受，这将不利于顾客满意度提升。因此，此配送网络结构较适用于低需求率、高价值、需求波动较大且顾客愿意长时间等候的企业。需要说明的是，对于需求率非常低的商品，如一些限量版商品，采用工厂存货、直接配送网络是唯一选择。

（二）工厂存货、在途并货

纯粹的直运配送模式需要顾客多次接受所订产品，为此，在配送网络中途增加在途并货运作可避免此类缺陷。工厂存货、在途并货的配送网络的信息流与产品流如图 2-5 所示。与前一种配送模式相同,电子商品平台接受顾客订单后根据各工厂存货发出配送指令,只不过顾客所订产品在中途实施并货处理,使顾客只需接受一次交付。

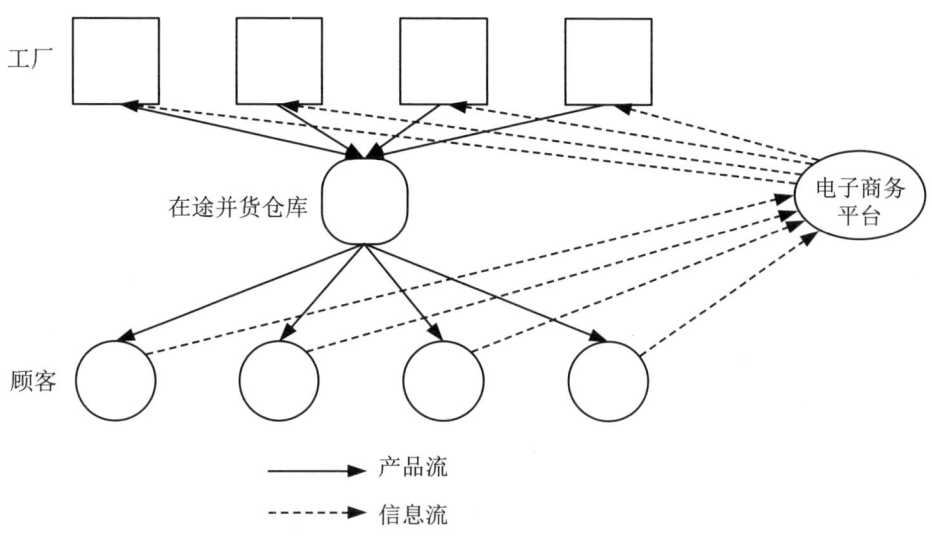

工厂

在途并货仓库

顾客

电子商务平台

产品流
信息流

图 2-5 工厂存货、在途并货网络结构方案

本配送网络系统保持了前一种的配送网络结构的优点,如库存整合降低了库存成本,可提供产品定制化服务,满足顾客多样化需求。另外,由于在途并货运作,可通过整合运输降低运输成本,提高顾客满意度。但依然存在响应时间较长、可退货性较差,同时由于在途并货导致企业要附加在途处理设施成本的问题。基于此配送网络特点,该配送网络比较适用于中低需求量、需求波动不稳定、高价值,各制造商较少且易于在途并货运作的企业。

(三)两层存货、多渠道配送

在该配送网络系统中,工厂与分销商配送中心都有库存,只不过所存商品性质与种类不同,顾客位置、需求特点也是择优选择配送起点要考虑的因素。一般而言,对于需求量大且比较稳定的产品存放在分销商配送中心,而对于需求量较小且不稳定的产品存放在制造商工厂仓库。电子商品平台接收到顾客订单后，根据顾客所订商品存储地点，发出配送指令，由第三方包裹承运人来完成终端配送。该配送网络结构当前应用比较广泛，例如亚马逊、工业 B2B 分销商 Grainger 公司都是采用此配送网络结构，该配送模式的信息流与产品流如图 2-6 所示。另外，从整个配送网络的配送方式来看，该配送网络属于多渠道配送网络。

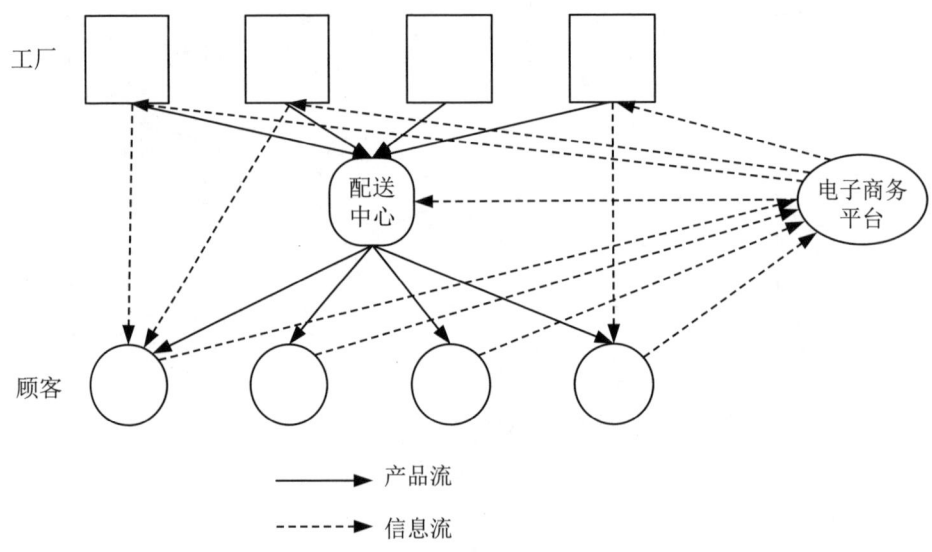

图 2-6　两层存货、两层配送网络结构方案

由于该配送网络结构采用了多层分类管理库存的方式，所以可以较好满足企业对不同需求特性的商品的销售要求。同时配送中心库存的存在致使顾客响应时间变短，可退货性相对于制造商工厂库存方式有所提高。在运输成本方面，比工厂单一库存形式时要低。但该配送网络结构也存在弊端，诸如产品的多样性降低、设施与搬运费用提高，同时又存在多种配送渠道，顾客接收多种商品的次数增加。

（四）商家存货、顾客自取

在该配送网络结构中，存货储存在分销商或在线零售商的仓库，而顾客通过电子商务平台下订单后，系统根据各地配送中心库存情况，发出配送指令，将货品配送到指定的顾客取货点，其中取货点事先确定，可以为零售店、报刊亭、学校等。例如苏宁易购的在线顾客可以就近到苏宁门店取货。该配送网络的顾客流、产品流及信息流如图 2-7 所示。

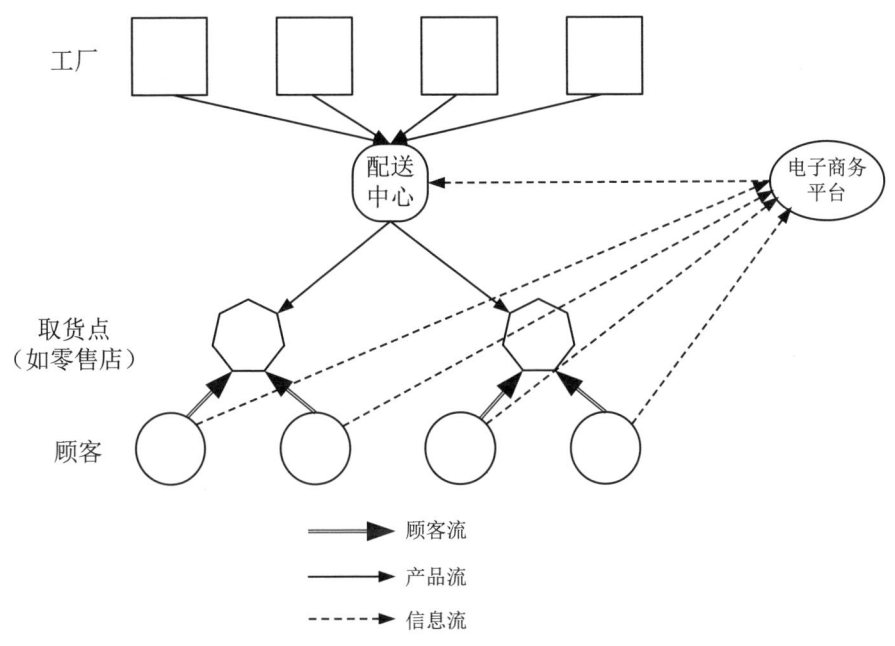

图 2-7 商家存货、顾客自取网络结构方案

采用该配送网络，库存成本与库存所在地有关，如苏宁易购的部分在线订单库存储存在苏宁门店中，其库存成本相对较高；而对于卓越亚马逊的库存都是存放在区域运营中心，集中度较高，库存成本相对较低。由于取货点的整合效应，运输成本相对包裹承运人配送方式的要低。另外，顾客响应时间较短、退货相对比较容易。该配送网络结构的缺点主要表现在较难提供多样化产品，商家所售一般属于需求量较大的商品，同时由于设立取货点增加了固定成本。另外，由于产品交付过程需要顾客参与，顾客体验相对不如送货上门模式。

（五）商家存货、送货上门

送货上门是指分销商／零售商将产品直接配送到顾客家门，例如 Webvan 公司、Peapod 公司等食品杂货店就是采用送货上门服务。另外，苏宁易购、海尔商城等也同样提供此类服务。由于配送车辆可载容量与范围有限，送货上门要求仓库或服务设施更靠近顾客。与卓越亚马逊由第三方包裹承运人承担送货上门服务相比，电子商务企业需要设立更多的储存设施与人工投资。对于城市内拥有零售店的零售商而言，可以通过零售店实施送货上门，如海尔商城可以由海尔专卖店实现送货上门。该配送网络的顾客流、产品流及信息流如图 2-8 所示。

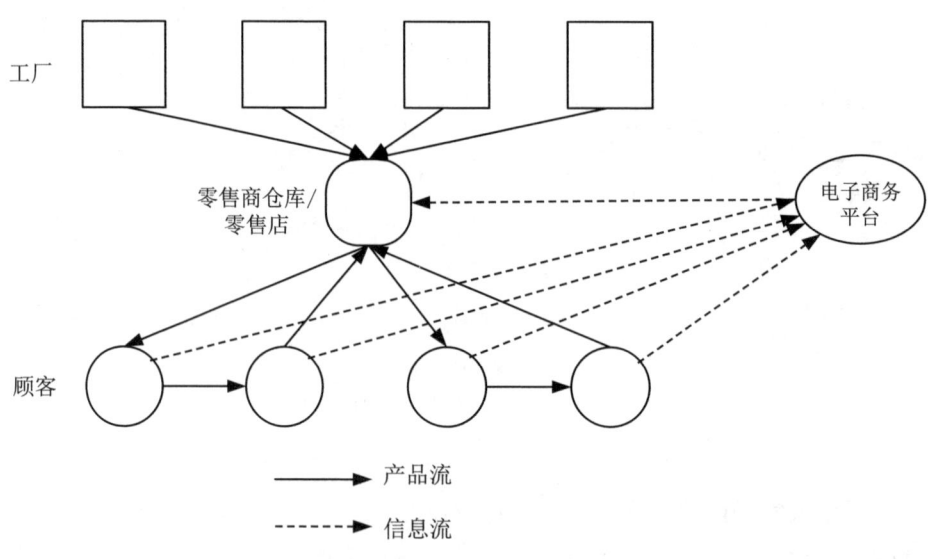

图 2-8　商家存货、送货上门网络结构方案

该配送网络结构库存成本根据库存储存点不同而有所不同，若苏宁易购提供送货上门的非畅销产品存放在中央分发中心或区域分发中心，库存集中度较高，库存成本则与前面两种区别不大；而依托零售店送货上门的在线零售商，如海尔商城，其库存整合程度较低，库存水平较高。从这个库存的角度来看，后者在线零售加送货上门模式适用于相对畅销的产品，诸如家用电

器、食品、鲜花及其他易腐性产品等。由于人工费用较高，送货上门模式的运输成本相比其他模式最高。该配送网络结构的优势还表现在顾客需求响应时间较短、顾客体验较好且产品退货处理较容易，在订单可视性方面相对第三方配送要好。

三、电子商务物流配送网络构建模式

电子商务物流配送网络构建模式有多种，从我国电子商务物流行业的发展现状来看，主要包括三种模式：自建物流模式、第三方物流模式以及混合模式。

（一）自建物流模式

自建物流模式是指电子商务企业自己投资建设物流配送网络，该种物流构建模式始于亚马逊。电子商务市场的不断发展，推动电子商务企业不断发展与壮大，随之而来的是订单量的剧增。业务量的增加必然增加配送服务的难度，同时顾客对配送服务水平的要求也越来越高，为此许多电子商务企业选择自建物流配送网络实现配送过程可控。电子商务企业采用自建物流配送体系的原因主要从以下几个方面来看。

1. 实现对配送过程的可控性

电子商务企业，特别是 B2C 电子商务企业面临的是终端零售顾客，这些顾客对配送的服务水平要求较高。而服务水平的高低直接决定了顾客是否会再次光顾，同时也较难与顾客产生有效的沟通。电子商务若将配送业务完全外包第三方物流公司，电子商务企业不仅对物流本身的速度、服务质量的控制能力不强，同时也隔断了与顾客直接面对面交流、沟通的平台。而电商企业通过自建物流系统不仅可以进行新业务的推广和品牌的宣传，而且能提升再次购买的可能性及用户忠诚度。

2. 可实现成本控制

电子商务行业竞争越来越激烈，未来的竞争内容将不再是价格间的竞争，而是服务水平间的竞争。为了增加用户满意度与忠诚度，抢占市场份额，电子商务企业必须加强终端配送系统建设，提升用户体验。尽管自建物流配送体系在前期会投入较大资金，但从长远来看，通过物流配送过程可控，企业可节省成本。

同时，自建物流配送体系也存在一些弊端，例如前期投入成本较大，对企业的资金实力是一个大考验；物流设施兴建时间较长，收效尚需时日；物流系统的构建需要专业化的管理水平，而这却是电子商务企业的短板，等等。

（二）第三方物流模式

我国第三方物流行业起步较晚，发展水平有限，尤其是民营第三方物流企业，再加上我国相关政策的不健全，第三方物流企业的发展更是受到了制约。随着我国政府对物流业发展的重视，整个物流发展的大环境近年来得到了大大改观。同时中国电子商务市场的飞速发展也推动了民营第三方快递公司的迅猛发展，也使更多的传统物流企业认识到发展第三方物流的重要性。一般而言，中国电子商务第三方物流模式的流程主要如图 2-9 所示 [105]。

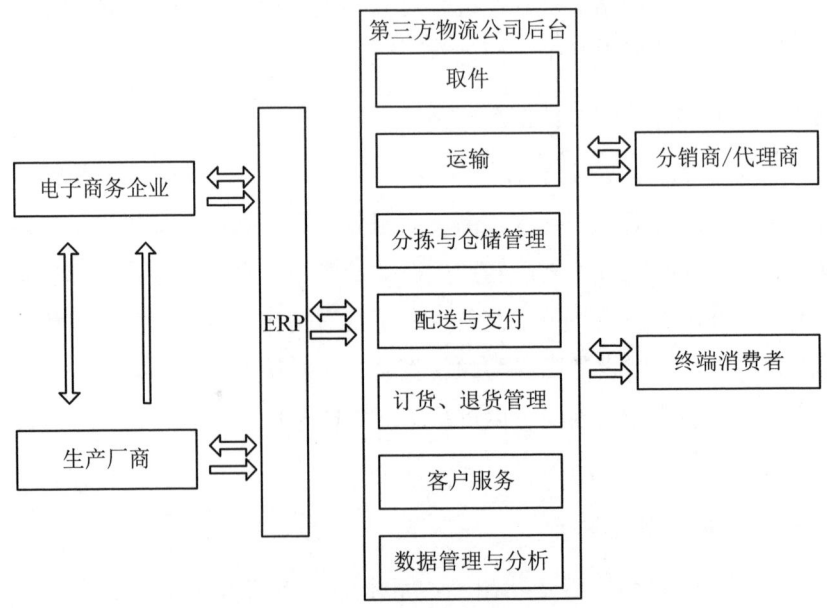

图 2-9　中国电子商务第三方物流流程示意图

相比于电商企业自建物流，外包终端配送业务具有其独特的优势，主要表现在以下几点。

1．中短期内与第三方物流合作的成本较低

电子商务企业将终端配送环节外包给第三方物流企业，一方面可减少电子商务企业由于自建物流配送体系在前期的巨大投入，有利于电子商务企业资金周转；另一方面，承担众多电子商务企业配送业务的第三方物流企业可实现规模效应，降低整体物流成本，仓储环节更是如此。

2．扩大业务范围

大多在线销售的产品都需要物流配送，电子商务企业自建配送系统，资金占有量大且周期较长，导致自身的销售范围大大受限。而第三方物流企业由于发展相对较早，仓储及物流体系也相对比较完备，这将使电子商务企业的业务辐射范围增大，业务推进速度也较快。

3．专业性相对较强

相对于电子商务企业而言，第三方物流企业的专业性相对较强，一般可以保证"最后一公里"服务的可靠性。同时物流配送业务外包，可让电子商务企业专注于自身核心竞争力的发展。

与电子商务企业自建物流配送体系一样，采用第三方物流配送模式同样存在弊端，主要表现在：

（1）可控性不强，配送服务水平难以保障，且失去了与顾客交流的机会。

（2）双方信息系统对接较难，易造成信息对接不通畅。

（3）回款周期较长，物流企业代收款的回款周期相对较长。

（三）混合模式

基于上述两种配送体系构建模式都存在优缺点，目前一些电子商务企业大多采用混合形式，即综合采用两种配送形式，实现两种配送体系的优势互补。例如卓越亚马逊公司以自建为主体物流体系，辅以第三方物流模式的配送体系构建模式，卓越亚马逊构建主要区域运营中心存储商品，同时选择与第三方物流企业合作开展终端配送服务。这种混合配送模式由于其可以降低配送成本，充分利用社会物流资源等优点得到了众多电子商务企业的青睐，如京东商城、凡客诚品等。相关调查显示："自建＋第三方"混合配送模式市场份额占有量约为50%。因此，研究基于混合构建模式下电子商务物流配送网络优化问题更具有重要意义。

混合构建模式下物流配送网络是指由多个实施主体共同参与构建的网购商品物流配送网络，其一般结构如图2-10所示。

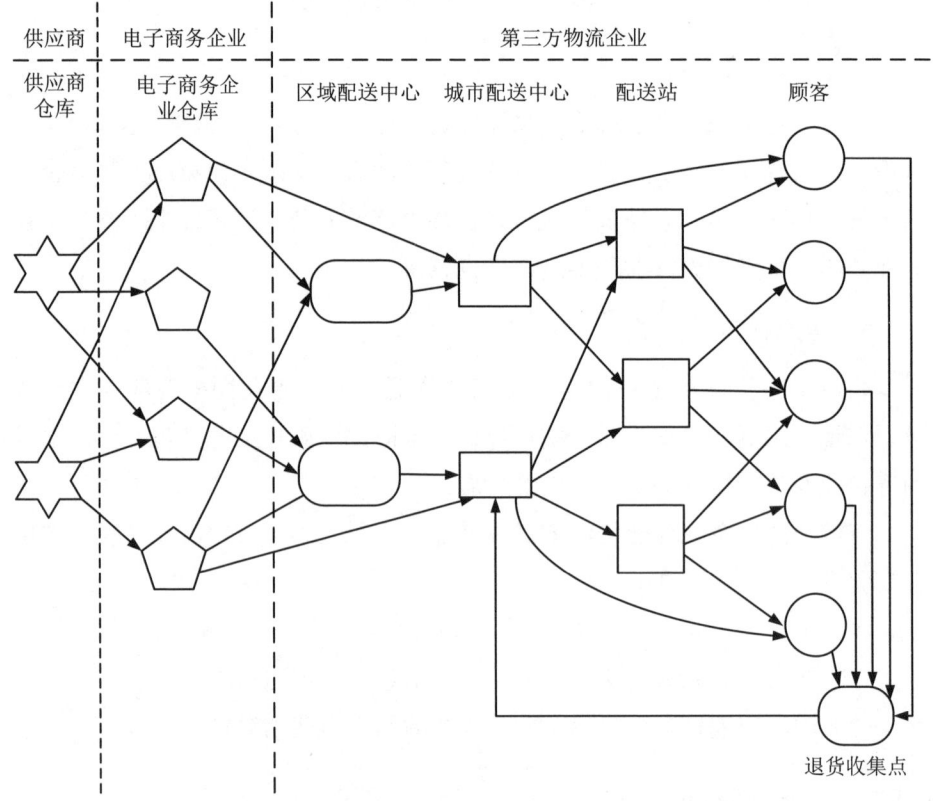

图2-10　混合构建模式下电子商务物流配送网络结构

从混合构建模式下物流配送网络构建涉及的物流设施来看，主要包括供应商仓库，电子商务企业仓库以及第三方物流企业的区域配送中心、城市配送中心、配送站以及初级退货收集点。其中供应商与电子商务企业的仓库主要用于存储在线商品，而第三方物流企业的设施主要承担在线商品的中转与配送等活动。相比前两者，第三方物流企业承担的工作对提高在线商品终端配送服务水平起到更加重要作用。基于此，本书将主要从第三方物流企业的角度探讨电子商务环境物流配送网络的优化问题。

第四节　第三方物流企业物流配送
网络优化的特征分析

一、第三方物流企业物流配送网络结构特点

对第三方物流企业物流配送网络进行优化问题研究，首先需要对其配送网络结构特征进行分析，从而认清问题的特征，明确问题的优化因素，进而对优化问题有更深入的认识。

1．从层次结构看

电子商务环境中物流配送网络结构主要包括完成在线商品配送的中转设施与需要服务的顾客点，它们之间通过不同的运输路径与方式相互连接形成物流配送网络。由于电子商务环境下商品配送具有跨地域性，多层次结构是第三方物流企业一般结构特点，即区域配送中心承接电子商务企业仓库的商品，按其辐射区域内各城市需求数量与种类实施分拣与配送；同样，城市配送中心考虑按照配送站的商品需求情况安排车辆运输，并最终由配送站完成最后的配送。有些情况下，城市配送中心也参与终端配送。

2．从设施的类型来看

第三方物流企业的物流配送网络中，设施包括区域配送中心、城市配送中心、配送站以及退货收集点。区域配送中心处于该配送网络的最高层，主要承接来自电子商务仓库的货物并经分拣、配送到达各城市配送中心，起到商品聚集与中转分拨的作用，是实现规模经济，降低配送成本的保障。城市配送中心是区域物流与城市物流衔接的主要场所，是城市集中配送模式下的产物，其功能主要承担区域配送中心的配送业务，并部分转移

给下级的配送站；配送站主要承接来自城市配送中心的货物，并直接面向中端顾客提供配送服务；退货收集点主要处理退货业务，为了提高顾客退货的便捷性，一般要比配送站数量多，且易设置在便利店、超市、加油站等小型设施内。

3. 从运输方式来看

在第三方物流企业物流配送网络中，运输方式在不同的路径上有所不同。如区域配送中心与城市配送中心属于长途运输，可采用的方式较多，如铁路、公路、水路、航空等；而城市配送中心至顾客的运输只能采用公路方式。各级设施间运输方式不同，采用计算的对象与方法相应不同，我们假设各级设施间运输都采用公路运输。另外，根据运输路径的性质，本书设定各级设施间运输车辆的类型不同，即存在装载量的不同。

4. 从路径结构看

第三方物流企业物流配送网络结构中存在不同的路径结构，各级设施间运输路径包括长途路径与中短途路径。其中区域配送中心与城市配送中心间采用直接配送路径结构；城市配送中心与配送站间根据货物交流量大小可采用直接运输路径，也可采用巡回配送路径；而配送站与顾客间只能采用巡回配送路径结构。

5. 从顾客性质来看

电子商务环境下第三方物流企业物流配送服务的对象主要是在线顾客，这些顾客呈现小批量、配送需求个性化等特点，特别是大多数顾客对配送有时间窗限制，需要配送车辆在指定的时间窗内送达。为了提升配送服务水平，第三方物流企业对顾客都采用分类处理的方法，即一部分顾客群采用顾客自取的方式，另一部分采用送货上门的方式。

二、第三方物流企业物流配送网络优化的挑战

研究第三方物流企业物流配送网络优化问题时，通常假定电子商务企业的仓库与顾客的地理位置相对固定，并且需求信息已知。因此，第三方物

流企业物流配送网络优化问题就是关于设施（区域配送中心、城市配送中心等）选址、车辆安排、运输网络等问题的决策优化。从这些决策问题的实施层次与步骤来看，可划分为区域层面的区域配送中心选址问题与城市层面的设施选址与车辆路径问题。同时考虑到电子商务行业的快速发展，多周期、动态的选址与车辆路径问题也是第三方物流企业物流配送网络优化时需要考虑的重要问题。另外，为了应对在线销售商品退货率高的特点，考虑退货的物流配送网络优化问题是第三方物流企业面临的另一个重要课题。

1. 区域配送中心选址问题

第三方物流企业物流配送网络中区域配送中心选址问题考虑的是在一定物流区域内，在电子商务企业仓库与顾客区（城市）的位置相对固定，从若干备选地址中选择若干地址建设区域配送中心，使区域配送中心的运作成本和运输成本最低。

由于在线商品配送服务的高要求，区域配送中心决策问题要处理好两方面的协调，即寻求成本最优与追求服务水平最高。在制定设施选址决策时，要注意不同配送渠道之间的协调，处理好哪些顾客可以采用电子商务仓库直接配送，哪些顾客必须由区域配送中心中转配送的问题。另外，如何全面反映配送时间也是区域配送中心选址决策问题的一大挑战。

2. 带时间窗的双层静态定位－路径问题

带时间窗的双层静态定位－选址问题考虑的是在城市范围内，城市配送中心与顾客点的位置确定，同时确定配送站选址与顾客点的归属问题，包括决策配送站选址、运输线路、运输时间的选择等。

第三方物流企业城市配送决策优化中，需要制定高效的运输线路，选择合理的配送方式和运输工具，从而降低配送的总成本，提高顾客满意度。因此，需要考虑的因素包括顾客的需求量、顾客收货时间窗、地理位置、交通条件、配送车辆容量等。

3. 带时间窗的双层动态定位－路径问题

带时间窗的双层动态定位－选址问题以电子商务快速发展为背景，研究当顾客数量与需求量变化时，第三方物流企业城市配送网络优化决策问题。

考虑的决策问题主要包括各周期配送站选址、配送站服务区域、配送路线等。

相比带时间窗的双层静态定位－选址问题，带时间窗的双层动态定位－路径问题面临的主要问题还包括如何求解多阶段规划问题。

4. 考虑退货的物流配送网络优化问题

考虑退货的物流配送网络优化问题主要针对配送站选址、配送方式、配送路线、初始退货收集点选址等问题进行决策。顾客点分布、需求量、顾客对退货的主观态度等因素是影响决策的决定性因素。另外，如何量化退货便捷度也是决策者需要思考的问题。

第五节 本 章 小 结

本章从电子商务的基本内涵入手，对电子商务环境下物流配送系统进行了阐述，重点分析了电子商务环境下配送特征、配送渠道形式。在此基础上，综述了物流网络的结构与分类，并指出电子商务环境下物流配送网络常见结构。在分析电子商务物流配送系统构建模式的基础上，给出了混合构建模式下服务在线商品的物流配送网络的一般化结构以及第三方物流企业物流配送网络优化时面临的挑战，从而为后续的配送网络优化问题研究打下了基础。

第三章 电子商务环境下区域配送中心选址优化研究

第一节 引　　言

由于在线购物打破了传统商务模式下销售时间与空间的限制，致使网购商品销售地广而散，而需求呈现小批量、多批次等特点。若直接从电子商务企业仓库运送到需求地，物流成本显然较高。因此，在电子商务企业仓库与城市间引入一个能承担在途并货作用的区域配送中心成为物流配送企业搭建物流配送体系的首选。合理的区域配送中心定位可以促进电子商务仓库与城市配送中心间的有效衔接，加快流通速度，提供配送的效率。区域配送中心选址问题是为在线订单提供终端配送服务的第三方物流企业构建物流配送网络时面临的首要问题。

区域配送中心选址问题是指在电子商务企业仓库与城市位置已知的前提下，从若干备选地址中选择部分地址建设区域配送中心，让其在满足一定的约束条件（配送中心容量、配送时间、配送需求量、配送方式等）下，达到一定的目标，如配送总成本最小、平均配送时间最短等。电子商务环境下顾客对配送的要求越来越高，配送时间的长短将影响在线顾客的购物体验，从而决定着顾客是否会再次光顾。所以，如何更好地优化配送网络结构成为物流配送企业面临的重要课题。

关于设施选址问题，经过半个世纪以来诸多学者的参与，已经获得了丰富的研究成果。但传统优化模型大多基于不允许跨层配送的假设，显然该假设在许多供应链问题中不能适用 [15]，因此很有必要研究允许跨层配送方式的配送网络优化方法。允许跨层配送与不允许跨层配送的配送网络结构如图 3-1 所示。从图 3-1 中可以看出，虽然顾客 4、顾客 5、顾客 6 离仓库很近，当不允许跨层配送时，顾客4、顾客5、顾客6的需求还是必须通过配送中心中转配送。相比允许跨层配送，不允许跨层配送会增加配送成本，同时大大延长了配送时间。因此，研究允许跨层配送方式的物流配送网络优化问题更有实际意义。

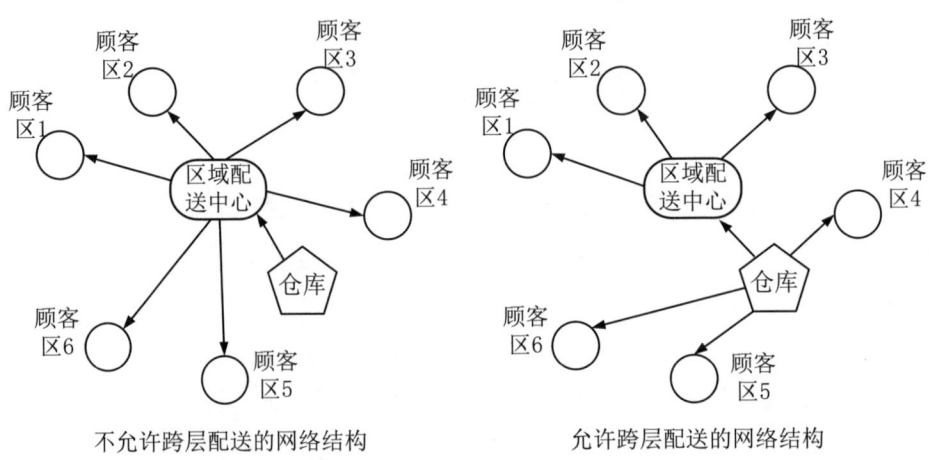

不允许跨层配送的网络结构　　　　　　允许跨层配送的网络结构

图 3-1　不允许跨层配送与允许跨层配送的配送网络结构对比图

　　一个有效的物流配送网络不仅应具有较好的经济效益，而且还应有较高的服务水平，电子商务环境下尤为重要。及时配送是电子商务企业商品配送服务水平的重要考察指标，它反映配送网络的及时性[2]。及时配送的潜在益处包括提高市场灵敏度，降低在途库存以及提高客户满意度。及时配送可以用订货配送提前期来表示，订单配送提前期是指从在线下订单时刻起到收到商品的时间间隔，包括配送设施内部的运作时间与结点间的运输时间两部分，其中内部运作时间受流经结点的物流量影响[26]。所以，本章研究的电子商务环境下多渠道配送网络区域配送中心选址优化问题中不仅考虑传统优化模型中的设施投资成本、运输成本，还将包括与订单配送提前期相关的时间价值成本，并设计了改进型遗传算法对模型进行求解，为第三方物流企业解决区域配送中心定位问题提供理论支撑，同时也为后续研究打好基础。

第二节　选址优化模型

一、问题描述

某第三方物流企业为若干电子商务企业提供网购商品的终端配送业务，电子商务仓库位置与服务的顾客区（城市）位置都确定。物流企业需要从若干候选地址中选建区域配送中心，作为电子商务企业仓库与城市配送中心的中转点。为了便于研究，作如下假设：

（1）虽然在线销售商品种类众多，但商品多以小件为主，且都采用标准化包装盒包装，因此可假定配送网络仅服务少数几类商品。

（2）配送中心有最大容量限制，且配送中心的投资成本与运作容量有关。

（3）综合各城市 GDP、城市的网购特性、电子商务企业市场份额等已事先预测出各城市的配送需求量，并假定各顾客区（城市）只被一个物流设施服务。

（4）电子商务企业仓库与配送中心间的运输成本考虑费率折扣，即运输量越多，折扣越大。

二、符号设定

1．集合设定

$I = \{1,2,\cdots,|I|\}$：电子商务企业仓库集；

$J - \{1,2,\cdots,|J|\}$：区域配送中心的候选地址集；

$K = \{1,2,\cdots,|K|\}$：顾客区集。

2．模型参数

d_{ik}：顾客 k 对电子商务企业仓库 i 需求量，$i \in I, k \in K$；

L_{ij}：节点 i 与节点 j 间距离，$i,j \in I \cup J \cup K$；

$g_j(v)$：区域配送中心 j 投资成本（与配送中心运作量 v 有关），$j \in J$；

a_{ij}：电子商务企业仓库 i 到配送中心 j 的单位运输成本（包括单位操作

成本），$i \in I, j \in J$；

b_{jk}：配送中心 j 到顾客 k 的单位配送成本（包括单位操作成本），$j \in J, k \in K$；

c_{ik}：电子商务企业仓库 i 到顾客 k 的单位配送成本（包括单位操作成本），$i \in I, k \in K$；

pv_{ij}：电子商务企业仓库 i 与配送中心 j 间的配送时间，$i \in I, j \in J$；

pd_{ik}：电子商务企业仓库 i 到顾客 k 的配送时间，$i \in I, k \in K$；

vd_{jk}：配送中心 j 到顾客 k 的配送时间，$j \in J, k \in K$；

δ_i：电子商务企业仓库 i 所销售商品的容量系数，$i \in I$；

M_j：区域配送中心 j 最大可投资容量，$j \in J$；

r：单位订单提前期的时间价值。

3．决策变量

$$X_{ijk} = \begin{cases} 1 & （电子商务企业仓库 i 至顾客 k 的配送过程经过配送中心 j） \\ 0 & （其他） \end{cases}$$

$$Y_{ijk} = \begin{cases} 1 & （电子商务企业仓库 i 采用直接配送满足顾客 k 的需求） \\ 0 & （其他） \end{cases}$$

$$V_j = \begin{cases} 1 & （备选地址 j 建区域配送中心） \\ 0 & （其他） \end{cases}$$

三、关键参数确定

（一）区域配送中心的投资费用

传统模型中对物流设施的投资费用大多采用单一的投资费用，与配送的容量无关 [111]。而现实情况是随着设施的容量（规模）的增加其投资费用也会增加，但由于规模经济效应的存在，两者之间并非简单的线性关系。综合上述因素，将区域配送中心投资费用表示为 [48]：

$$g_j(v) = \begin{cases} g_{j0} + E_{j0}(v - N_j)^{\varphi} & (N_j < v < M_j) \\ g_{j0} & (0 < v < N_j) \\ 0 & (v = 0) \end{cases} \qquad （3.1）$$

式中，v 为配送中心的建设容量；N_j 为最小投资容量；M_j 为最大可投资容量；g_{j0} 为 $v < N_j$ 时最小投资费用；E_{j0} 为投资费用系数；φ 为规模经济指数，$0 < \varphi < 1$，这里取 $\varphi = 0.5$。

（二）订单配送提前期

订单配送提前期由运输起点到终点间运输时间与设施内部停留时间两部分组成。起点到终点的运输时间受点间距离、运输方式、交通情况，道路状况等因素影响，本章为了简化研究，设定两点间运输时间仅与两点间距离线性相关。设施内部停留时间的影响因素包括设施运作量、运载工具装载量、运作效率、设施内部布局以及管理等。内部停留时间主要包括以下两类时间 [112–114]。

1. 装货时间

基于规模经济考虑，一般情况下运载工具尽可能满载时，才会发货到目的地，即发往同一目的地的商品必须等待直到运载工具装满为止。因此，发往同一目的地的商品越多，则商品装货时间越短。

2. 等待时间

在配送中心有限的资源情况下，运载工具必须排队等待接受服务，故拥挤时间与设施实际运作量成正比例关系。

根据上述分析，设施内部停留时间可以近似用下列式子来描述：

$$DT = a \cdot total\text{-}Volume + \frac{b}{Volume} \qquad （3.2）$$

式中，total-Volume 为经过设施的总物流量，Volume 为运往同一目的地的商品流总和，a、b 为常系数。上述设施内部车辆停留时间表达式实际上是 Eskigun[26, 112] 所列式子的扩展。与后者不同，上述表达式中增加了与流量相关的拥挤时间，与实际情况更加相符。

令 $LTPVD_{ijk}$：电子商务企业仓库 i 经配送中心 j 到顾客区 k 的配送方式下的订货配送提前期；

$LTPD_{ik}$：电子商务企业仓库 i 直运到顾客区 k 的配送方式下订货配送提前期。

$DTPV_{ij}$：电子商务企业仓库 i 到区域配送中心 j 的运输车辆在电子商务企业仓库 i 停留时间；

$DTVD_{jk}$：区域配送中心 j 到顾客区 k 的运输车辆在配送中心 j 的停留时间；

$DTPD_{ik}$：电子商务企业仓库 i 直运到顾客区 k 的运输车辆在电子商务企业仓库 i 停留时间。

则

$$LTPVD_{ijk} = DTPV_{ij} + DTVD_{jk} + pv_{ij} + vd_{jk} \qquad (3.3)$$

$$LTPD_{ik} = DTPD_{ik} + pd_{ik} \qquad (3.4)$$

其中，

$$DTPV_{ij} = \begin{cases} c_1 \sum_{k \in K} d_{ik} + \dfrac{c_2}{\sum_{k \in K} X_{ijk}} d_{ik} & \left(\sum_{k \in K} X_{ijk} d_{ik} > 0 \right) \\ 0 & (\text{其他}) \end{cases} \qquad (3.5)$$

$$DTVD_{jk} = \begin{cases} c_3 \sum_{i \in I} \sum_{k \in K} X_{ijk} d_{ik} + \dfrac{c_4}{\sum_{i \in I} X_{ijk}} d_{ik} & \left(\sum_{k \in K} X_{ijk} d_{ik} > 0 \right) \\ 0 & (\text{其他}) \end{cases} \qquad (3.6)$$

$$\mathrm{DTPD}_{ik} = \begin{cases} c_5 \sum\limits_{k \in K} d_{ik} + \dfrac{c_6}{d_{ik}} Y_{ik} & \left(d_{ik} Y_{ik} > 0 \right) \\ 0 & (\text{其他}) \end{cases} \qquad (3.7)$$

四、模型建立

根据上述定义，构建的多渠道配送网络的优化模型如下：

$$
\begin{aligned}
\min Z =& \sum_{i \in I, j \in J, k \in K} r\mathrm{LTPVD}_{ijk} X_{ijk} d_{ik} + \sum_{i \in I, k \in K} r\mathrm{LTPD}_{ik} Y_{ik} d_{ik} \\
& + \sum_{j \in J} g_j(v) V_j + \sum_{i \in I, j \in J, k \in K} X_{ijk} d_{ik} \left(L_{ij} a_{ij} + L_{jk} b_{jk} \right) \\
& + \sum_{i \in I, k \in K} L_{ik} c_{ik} Y_{ik} d_{ik}
\end{aligned}
\qquad (3.8)
$$

s.t.

$$\sum_{i \in I, j \in J} X_{ijk} + \sum_{i \in I} Y_{ik} = 1 \qquad (\forall k \in \mathrm{K}) \qquad (3.9)$$

$$X_{ijk} \leqslant V_j \qquad (\forall i \in I, j \in J, k \in K) \qquad (3.10)$$

$$\sum_{i \in I, k \in K} \delta_i X_{ijk} d_{ik} \leqslant M_j V_j \qquad (\forall j \in J) \qquad (3.11)$$

$$X_{ijk}, Y_{ik}, V_j \in \{0,1\} \qquad (\forall i \in I, j \in J, k \in K) \qquad (3.12)$$

其中，式（3.8）为目标函数，表示提前期成本、仓库或区域配送中心到顾客区间的配送成本以及仓库到区域配送中心间配送成本之和最小；式（3.9）表示每个顾客区只由被一个设施（电子商务企业仓库或区域配送中心）提供服务；式（3.10）表示顾客区只由被选中的区域配送中心服务；式（3.11）表示区域配送中心的服务商品总容量必须小于区域配送中心可投资的最大容量；式（3.12）为决策变量 0–1 约束。

第三节 算法分析

一、算法设计

前述所列的物流配送网络优化模型是一个典型的非线性混合整数规划模型，属于 NP-Hard 组合问题，一般采用启发式算法。为此本节将选用一种描述简单、使用灵活、实现容易的算法——改进型遗传算法（IGA）对其进行求解。

遗传算法是智能优化算法中应用最为广泛也最为成功的算法，是在 20 世纪六七十年代由美国 Michigan 大学的 Holland 教授创立的 [115] 模仿生物进化过程的优化方法，它的主要思想来源于 Darwin 的生物进化论与 Mendel 的遗传学。1975 年，Holland 出版了系统论述遗传算法的第一本专著 [116]，标志着遗传算法的诞生。就其本质来说，主要是处理复杂问题的一种鲁棒性很强的启发式随搜索算法，特别是用于处理传统搜索方法难于解决的复杂和非线性问题。80 年代，遗传算法得到了广泛的应用与研究，被广泛地用于组合优化、机器学习、自适应控制、规划设计、智能机器系统、智能制造系统、系统工程、人工智能、人工生命等领域 [117,118]。1989 年，Goldberg 出版了他的著作 [119]，对遗传算法作了系统阐述，奠定了现代遗传算法的基础。

遗传算法主要是借用生物进化中的"适者生存"的规律，即最适合自然环境的群体往往产生了更大的后代群体。GA 借鉴了生物进化过程的一些特征，首先，进化发生在解的编码上，这些编码按生物学里的术语称为染色体，在 GA 中，组成编码的元素称为基因。由于对解进行了编码，优化问题的一切性质都通过编码来研究，所以，解的编码和解码是遗传算法的一个主题，编码的目的主要是用于优化问题解的表现形式和利于之后遗传算法中的计算；其次，自然选择规律决定哪些染色体产生超过平均数的后代。遗传算法中，通过优化问题的目标而人为地构造适应度函数以达到好的染色体产生超过平均数的后代。适应度函数基本上依据优化问题的目标函数而定，当适应度函数确定以后，自然选择规律是以适应函数值的大小决定的概率分布来确定哪些染色体适应生存，哪些被淘汰，生存下来的染色体组成种群，形成一个可以繁衍下一代的群体；最后，当染色体结合时，双亲的遗传基因的结合使得子代保持父母的特征，染色体结合后，随机的变异会造成子代的同父代的不同。染色体结合是通过编码之间的交叉达到下一代的产生。新一代的产生是一个生殖过程，它产生了一个新解。变异使某些解的编码发生变化，使解具有更大的遍历性。具体算法过程可以描述如下。

Step1：产生初始种群。可采用随机方法产生，也可使用其他方法构造一个初始种群。

Step2：根据问题的目标函数构造适应度函数。在遗传算法中使用适应度函数来表征种群中每个个体对其生存环境的适应能力，其形式直接决定着群体的进化行为。

Step3：计算种群中每个个体的适应度值。每个个体具有一个适应度值，是群体中个体生存机会的唯一确定性指标。

Step4：根据适应度值的好坏不断地选择和繁殖。在遗传算法中自然选择规律的体现就是以适应度值的大小决定的概率分布来进行选择。个体适应度值大，该个体被遗传到下一代的概率越大，反之越小。被选择的个体里进行繁殖操作产生新的个体组成新的种群。

Step5：若满足终止条件，则输出当前适应度值最好的个体，即求得的最优解；否则转到 Step 3 继续执行。

其中模拟创造后代的繁殖操作是遗传算法的精髓，主要包括交叉算子（Crossover）和变异算了（Mutation）。交叉算了同时对两个染色体进行操作，组合二者的特性产生新的后代，最简单的交叉方式是在双亲的染色体上随机地选择一个断点，将断点的右段互相交换，从而形成两个新的后代。遗传算法的性能在很大程度上取决于采用的交叉算子的性能，而双亲染色体是否进行交叉由交叉概率控制；变异算子是在染色体上自发地产生随机的变化，一种简单的变异方式是替换一个或者多个基因。变异可以提供初始种群中不含有的基因，或者找到选择过程中丢失的基因，为种群提供新的内容，而染色体是否进行变异由变异率控制。自从遗传算法提出以来，人们在应用和研究遗传算法的过程中对它做了众多改进，但都具有简单遗传算法（SGA）[120] 的基本结构。SGA 主要由复制（reproduction）、杂交（crossover）和变异（mutation）三个遗传算子组成。SGA 通过复制、杂交、变异三个算子，很好地体现了 GA 的主要特征。应用遗传算法的基本环节包括：编码；构造初始染色体设计适应度值标度方法；选定遗传算子；确定遗传算法结构；选择遗传算法参数。这些环节也正是人们对其改进的地方。目前对遗传算法的研究可分为理论研究和应用研究两方面。遗传算法的理论研究包括：遗传算法的数学基础；编码机制研究；收敛性分析；搜索效率分析；遗传算法的新结构研究；遗传算法的控制参数选择策略；遗传算法与其他算法的比较等内容；遗传算法应用研究按其应用方式可分为三类：基于遗传的计算（GC）；基于遗传的编程（GP）；基于遗传的机器学习（GL）。王小平、曹立明的《遗传算法—理论、应用与软件实现》[121] 给出了详细综述。需要指出的是，结合具体的领域知识给出有指导的 GA 搜索方法应当是应用 GA 的正确方法。

遗传算法为我们以有限的代价来解决搜索和优化问题提供了有效的途径 [122]，它主要有以下优点：

（1）自组织、自适应和自学习性。

（2）遗传算法的本质并行性。

（3）遗传算法的简单适用性。

同时，GA 还有许多问题需要解决，如算法本身的参数优化问题；如何避免过早收敛；如何改进操作手段或引入新的操作来提高算法的效率；遗传算法与其他优化算法的结合问题等。

二、算法步骤

针对前述提到的标准遗传算法的缺点，本书将广度与深度两个方面对遗传算法进行改进，即利用局部搜索算法对每代中最优个体进行局部优化来提高算法收敛的效率，同时引入扰动策略 [123] 避免早熟现象，从而达到改进遗传算法求解能力的效果。其中扰动策略是对交叉算子产生的新个体施加随机扰动，防止性能增益过小的个体模式在下一代中大量增长，有效保持了种群的多样性。具体改进型遗传算法步骤如图 3-2 所示，下面简要介绍各主要过程。

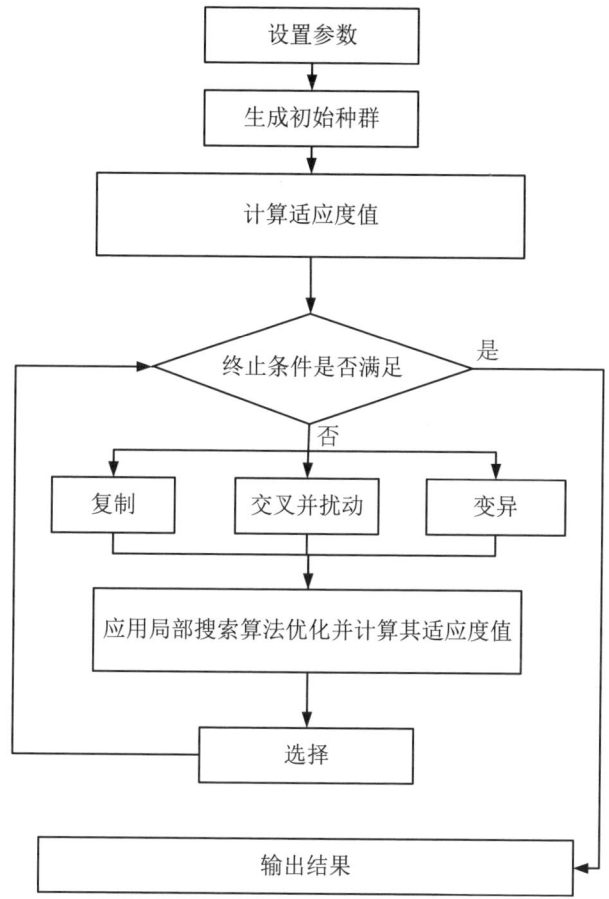

图 3-2　基丁局部搜索算法的改进型遗传算法的计算流程

（一）编码与获得初始种群

合适的染色体编码是成功应用遗传算法的第一步。基于上述优化模型特点，本算法中染色体由 $|K|$ 个一维基因组成，并在范围为 $[1,|J|+1]$ 内随机产生一个自然数为各基因赋值，其中 [1] 代表顾客被电子商务企业仓库采用直运模式配送，$[2,|J|+1]$ 代表顾客由经编号 $[1,|J|]$ 的配送中心来实施配送。如

图 3-3 所示的 10 位顾客的染色体编码形式中，顾客编码为 1 表示顾客被电子商务企业仓库直接配送，而顾客编码为 2 表示顾客由电子商务企业经配送中心 2 中转配送。

根据上述编码方案利用随机方法可获得包括 pop – size 个染色体的初始种群 $P(t)(t=0)$。

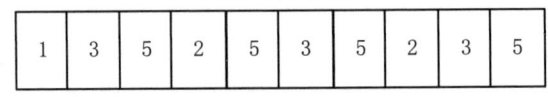

| 1 | 3 | 5 | 2 | 5 | 3 | 5 | 2 | 3 | 5 |

图 3-3 染色体编码表达式

（二）适应值计算

适应值是衡量各染色体的好坏的标准，一般适应值大小与各染色体目标值和惩罚值有关。根据各代种群中染色体基因值很容易获得目标函数中配送中心设立的固定成本，配送成本以及提前期时间成本。对于不满足于约束（3.11）的染色体适应值中引入惩罚成本，故染色体适应值可表示为 $Fit = 1/(Z_{obj} + PV)$，其中 PV 为惩罚值。

（三）复制算子

适应值越大的父代染色体，产生的下一代染色体目标值越佳。故选择拥有最大适应值的父代染色体直接复制为子代染色体（最优策略），其中 p_r 为复制系数。

（四）交叉算子

交叉算子是指通过交叉父代对中部分基因信息获得新染色体，从而让新染色体拥有父代染色体中最佳部分。交叉类型有多种：单点交叉、多点交叉以及均匀交叉等 [122]。本章采用两点交叉，应用确定的交叉率 $(p_c \in (0,1))$ 确定哪些父代对参与交叉运算，各参与交叉的父代染色体对中两个交叉基因位随机产生，对这两个基因间的基因值应用交叉运算，如图 3-4 所示。

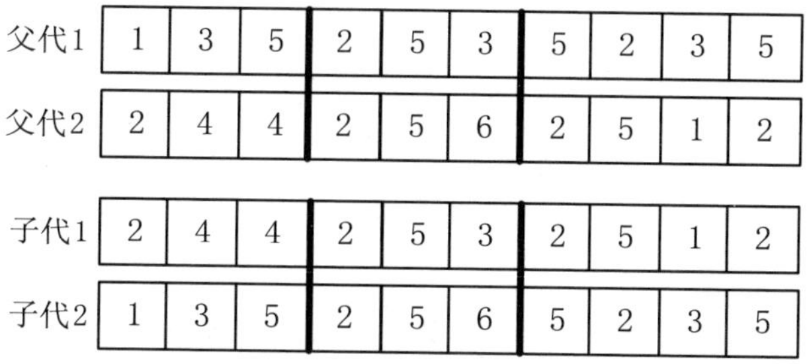

| 父代1 | 1 | 3 | 5 | 2 | 5 | 3 | 5 | 2 | 3 | 5 |
| 父代2 | 2 | 4 | 4 | 2 | 5 | 6 | 2 | 5 | 1 | 2 |

| 子代1 | 2 | 4 | 4 | 2 | 5 | 3 | 2 | 5 | 1 | 2 |
| 子代2 | 1 | 3 | 5 | 2 | 5 | 6 | 5 | 2 | 3 | 5 |

图 3-4　交叉算子描述图

　　针对交叉算子所得个体实施扰动策略，扰动执行的思路为[123]：随机产生扰动数，若交叉所得子代个体与其父代个体两者的适应度之差与随机扰动数之和大于零，则保留子代个体，淘汰父代个体；若小于零，则淘汰子代个体而保留父代个体；若等于零，则重新扰动。

（五）变异算子

　　变异运算是指重新对染色体各基因进行排位，降低陷入局部最优的概率。变异算子也存在多种类型，本章将采用两种变异算子：倒置变异基因（a）与随机变异算子（b）。父代染色体参与变异运算的可能性依据变异率 $\left(p_m \in (0,1)\right)$ 来确定，两个变异运算的示意如图 3-5 所示，并对变异后个体实行扰动策略。

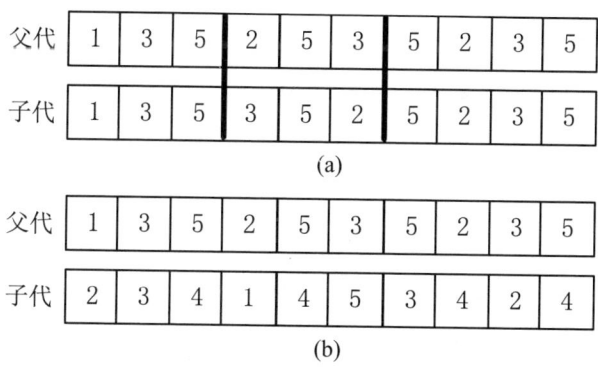

| 父代 | 1 | 3 | 5 | 2 | 5 | 3 | 5 | 2 | 3 | 5 |
| 子代 | 1 | 3 | 5 | 3 | 5 | 2 | 5 | 2 | 3 | 5 |

(a)

| 父代 | 1 | 3 | 5 | 2 | 5 | 3 | 5 | 2 | 3 | 5 |
| 子代 | 2 | 3 | 4 | 1 | 4 | 5 | 3 | 4 | 2 | 4 |

(b)

图 3-5　变异算子描述图

（六）局部搜索算法

为了克服遗传算法局部搜索能力较弱的特点，在进行选择之前对种群各个体进行局部搜索优化。采用的局部搜索算法如下。

1. 子算法 1

改变顾客被服务设施（电子商务企业仓库或配送中心），若存在能使目标值减少的新设施，则用新设施替换旧设施，从而获得新个体。

2. 子算法 2

交换两顾客被服务设施，若能使目标值减少，则用新配送方案替换旧方案。

3. 子算法 3

交叉改变两选建配送中心服务的顾客，若能使目标值减少，则用新配送方案替换旧方案。

4. 子算法 4

删除已选建的配送中心，将其服务的顾客重新分派给电子商务企业仓库或已选建的配送中心，若能使目标值减少，则用新配送方案替换旧方案。

（七）选择算子

选择算子是遗传算法的驱动力，是建立在适应度评价的基础上，实行优胜劣汰而确保适应度值大的染色体被遗传到下一代中，常用的选择方式有：轮盘赌选择、竞争选择、排序与比例变换等。本算法选择算子是指从经复制算子、交叉算子与变异算子获得子代染色体采用轮盘赌方法与最优策略选择 $pop-size$ 个染色体作为第 $t+1$ 代种群 $P(t+1)$。

（八）终止条件

终止条件为是否达到设定的最大遗传代数 $Popt-maxsize$，若达到，即终止计算；否则，回到第（三）步，重复计算。

第四节 算 例 分 析

以某第三方物流企业为例，该企业原本主要从事城市间零担或整车货运业务，在部分城市拥有仓库设施。现在公司管理层从公司长远发展出发，决定开拓第三方 B2C 快递业务，为电子商务零售企业在线销售商品提供终端配送业务，并且已与数家电子商务零售企业达成了合作意向。目前，公司在部分城市拥有仓库，但缺乏能承担区域中转能力的区域配送中心，如何选建区域配送中心成为该公司发展面向在线商品终端配送业务的首要工作。

假定电子商务企业仓库地址、区域配送中心备选地址、顾客区地址已知，如表 3-1、表 3-2、表 3-3 所示，则可得三者的散点图，如图 3-6 所示。

表 3-1 电子商务企业仓库坐标

电子商务企业仓库地址	坐标轴	
	X	Y
P_1	30	40
P_2	10	20

表 3-2 备选配送中心坐标

备选配送中心坐标	坐标轴	
	X	Y
$hc1$	8.58	30.25
$hc2$	25.36	28.59
$hc3$	9.58	6.51
$hc4$	47.54	19.31
$hc5$	20.14	53.21
$hc6$	50.15	45.39
$hc7$	38.90	59.87
$hc8$	21.09	17.75

表 3-3　顾客坐标及需求表

l	坐标轴		顾客对各电子商务企业仓库需求量	
	X	Y	r_1	r_2
1	15.69	3.80	45	84
2	18.67	24.28	160	301
3	1.60	59.13	127	238
4	9.43	2.27	78	147
5	49.08	54.43	67	126
6	33.14	10.85	37	70
7	28.62	50.00	138	259
8	24.86	59.39	82	154
9	3.42	35.85	130	245
10	33.23	21.90	108	203
11	45.32	27.23	82	154
12	46.37	6.36	78	147
13	24.93	32.60	40	77
14	28.07	33.38	100	189
15	2.77	0.50	165	308
16	28.61	51.99	153	287
17	38.80	51.71	172	322
18	2.13	41.98	82	154
19	25.78	2.81	138	259
20	45.69	57.24	168	315
21	48.17	8.13	142	266
22	36.72	14.35	100	189
23	42.61	27.50	108	203
24	22.15	33.30	40	77
25	25.63	28.51	85	161
26	9.10	26.42	37	70
27	24.79	11.26	108	203
28	17.46	11.20	67	126
29	11.87	12.97	165	308
30	6.15	38.45	78	147

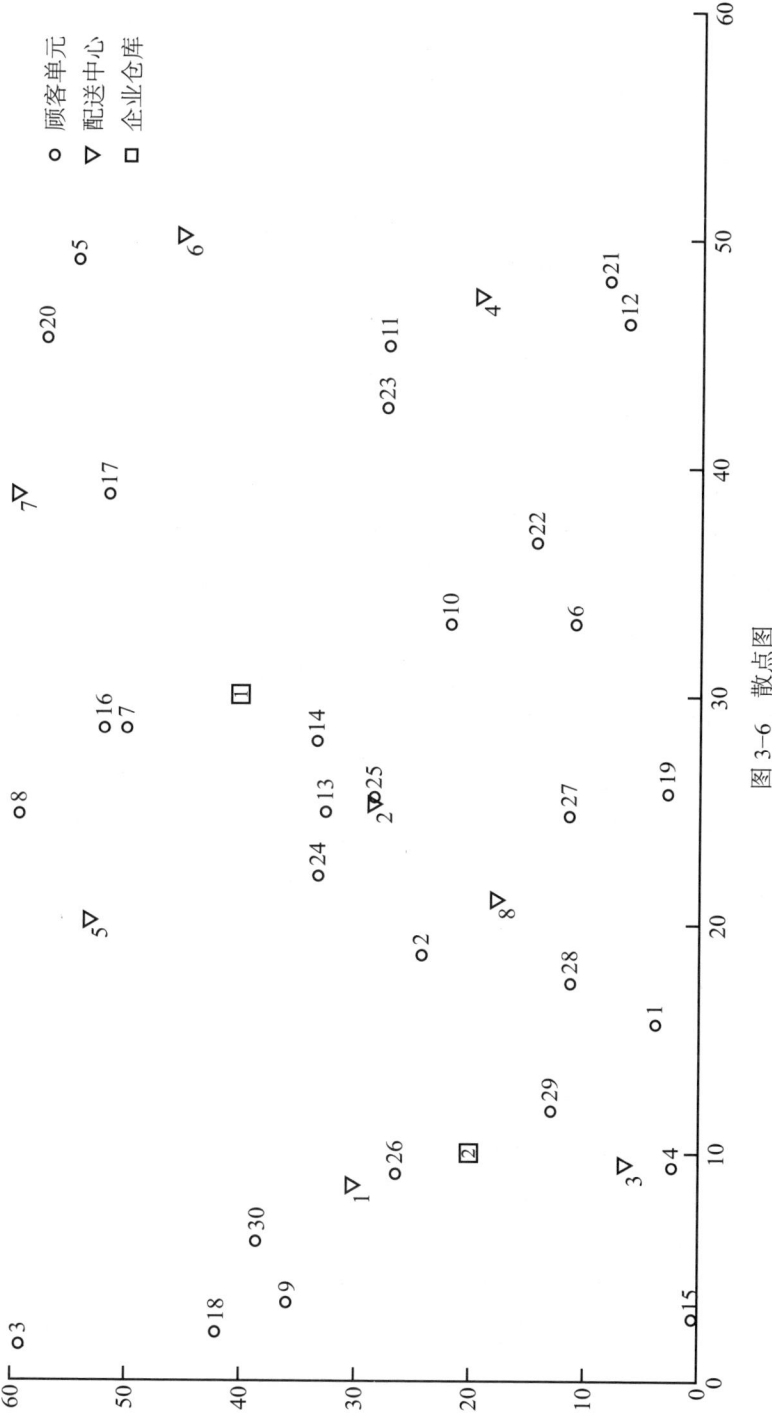

图 3-6 散点图

顾客单元 ○
配送中心 ▽
企业仓库 □

设定最小投资容量 N_j 为 1000 配送单位；最大可投资容量 M_j 为 5000；最小投资费用 g_{j0} 为 10000；投资费用系数 E_{j0} 为 100；电子商务企业仓库 i 所产商品的容量系数 δ_i 均为 1；单位订单提前期的时间价值 r 初始设定为 10；计算提前期时间成本时所用参数 a、b 分别设定为 0.001 与 10。另外三个单位配送成本 a_{ij}、b_{jk}、c_{ik} 分别取 0.1、0.2 以及 0.3；两节点的配送时间为其距离的 0.1 倍。根据大量实验确定 GA 参数设定：遗传代数 $\text{Popt} - \text{maxsize} = 400$，种群大小 $\text{pop} - \text{size} = 40$；交叉率 $p_c = 0.9$；变异率 $p_m = 0.15$。

一、计算结果

应用本章所设计改进型遗传算法对上述案例进行计算，计算表明算例将选建的配送中心为 $hc1$、$hc2$、$hc3$、$hc4$ 四个区域配送中心，总运作成本为 808182 元。图 3-7 为算法优化过程，图中实线为每代群体中最优染色体所表示的选址方案的配送总费用，虚线表示每代群体的平均目标函数值。从图 3-7 中我们可以看出，计算过程中最优目标值从初始时的 992371 下降到迭代收敛时的 811411，说明算法具有较好的寻优能力，即通过优化过程可减少系统配送费用。从实线的下降幅度来看，本算法具有较快的寻优速度，可以较快地迭代到优化解附近。而虚线的不定性震荡表明了在每代群体中都包含多样个体，这是算法能避免陷入早熟的表征。

二、算法比较分析

Pishvaee 和 Rabbani 所著的 *A graph theoretic-based heuristic algorithm for responsive supply chain network design with direct and indirect shipment*[31] 中提出其设计的基于图论的贪婪启发式算法能较好地求解多种渠道配送模式并存时的网络优化问题。为了进一步验证本章设计的改进型遗传算法的有效性，将本章改进型遗传算法（EGA）与基于图论的贪婪启发式算法（GHA-G）以及标准遗传算法（GA）各随机对上述案例计算 10 次，如图 3-8 所示。从计算结果可知，改进型遗传算法比标准遗传算法及贪婪启发式算法的计算结果都优，其目标均值分别减少 19.8%、17.8%，说明本章所设计计算法优于后两者。

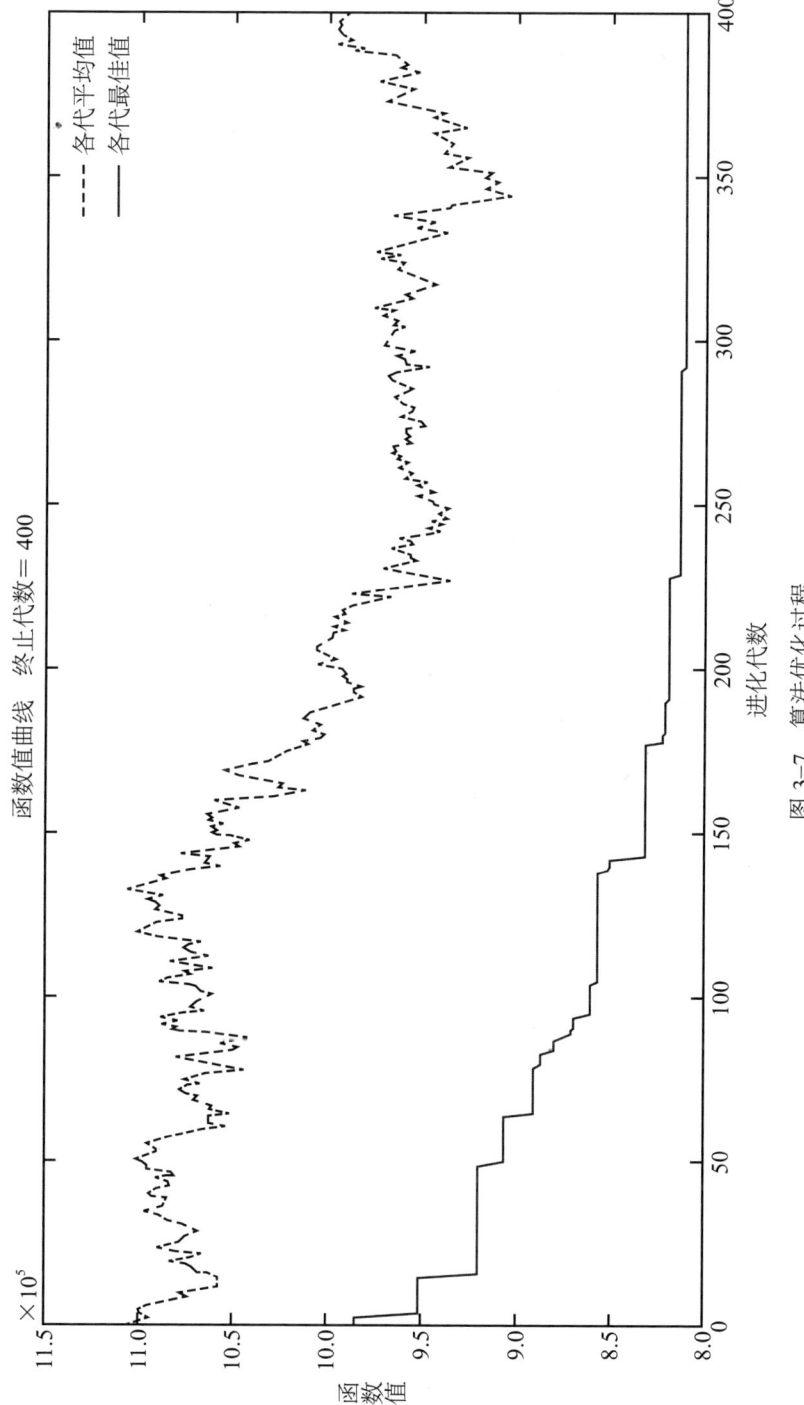

图 3-7 算法优化过程

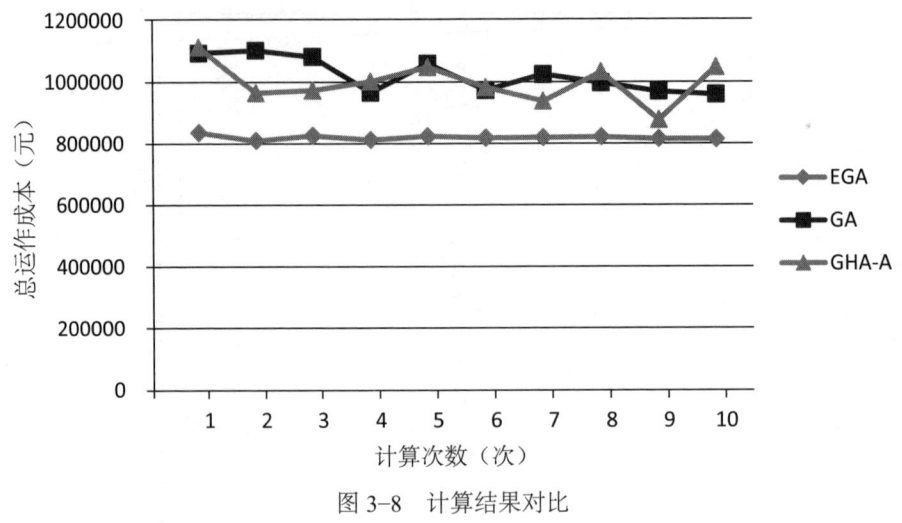

图 3-8　计算结果对比

三、单位时间成本敏感度分析

为了验证单位时间价值对配送网络运作性能的影响，现采用灵敏度分析法分析单位时间价值对配送中心建设数、直配比例、平均单位提前期以及总配送成本的影响。其中，直配比例定义为由电子商务企业仓库直接配送至城市配送中心的配送量占总配送量的比例。根据计算结果可得以下几点结论。

（1）随着单位时间价值的提高，配送中心建设个数呈明显减少趋势，如图 3-9 所示。

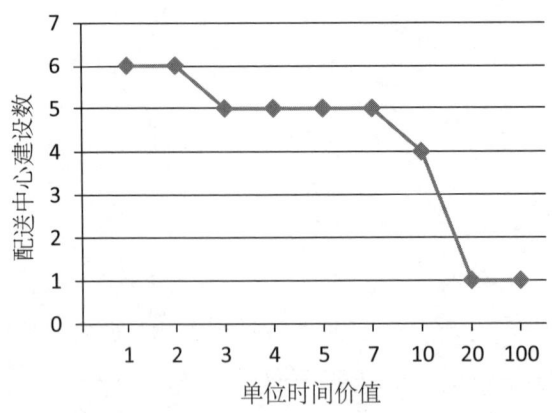

图 3-9　配送中心与单位时间价值的关系曲线

（2）直配比例与单位时间价值成正比，随着单位时间价值提高，配送网络更偏向采用直接配送的模式，如图 3-10 所示。

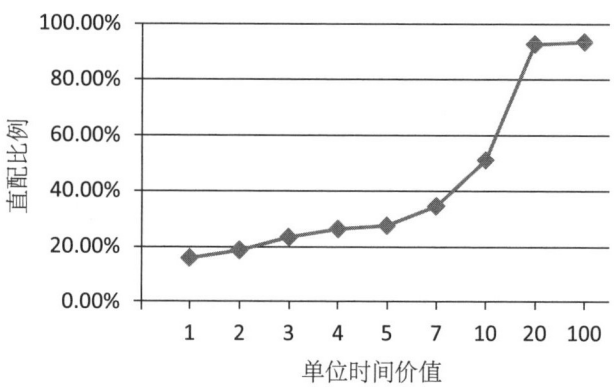

图 3-10 直配比例与单位时间价值的关系曲线

（3）平均单位提前期与单位时间价值成正比，但下降速率相对较慢，如图 3-11 所示。

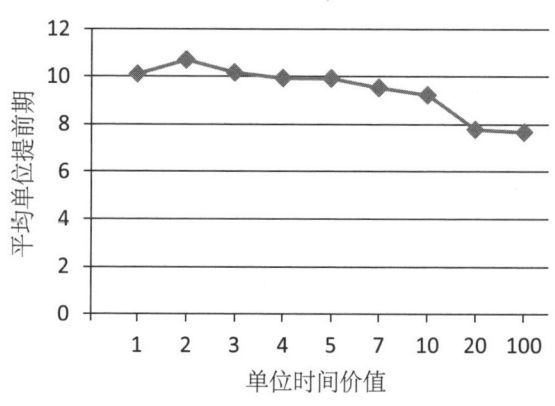

图 3-11 平均单位提前期与单位时间价值的关系曲线

（4）总配送成本随单位时间价值呈递增趋势，如图 3-12 所示。说明前期总配送成本减少量不足以抵消提前期成本增加量。

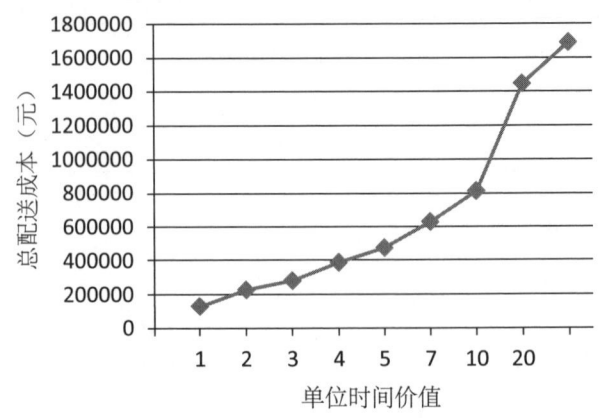

图 3-12　总成本与单位时间价值的关系曲线

第五节　本 章 小 结

　　电子商务环境下有效的配送网络不仅应有较好的经济性，而且还应有较高的服务水平。基于此，本章以网订商品配送提前期作为配送服务水平的一种度量，引入提前期时间成本到模型成本结构中，构建了多渠道配送模式下物流配送网络的优化模型。为了改进遗传算法局部搜索能力较弱的特点，在算法中引入了四个局部搜索算法与扰动策略对标准遗传算法进行改进，设计了改进型遗传算法对优化模型进行求解，且算法的优化能力与效果要优于传统遗传算法、贪婪启发式算法。最后，单位时间成本的灵敏度分析表明：单位时间成本对配送中心建设数、直配比例、平均单位提前期以及总配送成本都有较大影响。

第四章　电子商务环境下城市配送站多属性决策优化研究

第一节　引　言

随着越来越多的终端顾客投入到网购活动中，城市内小批量、多频次、时效性强的直接配送、住宅配送以及"门对门"配送需求日益增长。对电子商务企业或城市物流配送企业而言，直接从城市物流或配送中心为终端顾客实施"最后一公里"配送，从经济效益角度看显然不合理。因此，大多数终端顾客配送活动都是采用城区配送站中转的形式开展。配送站的设立可以使配送企业从城市配送中心至配送站环节采用大中型货车配送，从而有效降低该环节的配送成本，同时可以采用夜间配送形式，减少对周边居民的环境干扰。带配送站的两层城市配送体系如图 4-1 所示。

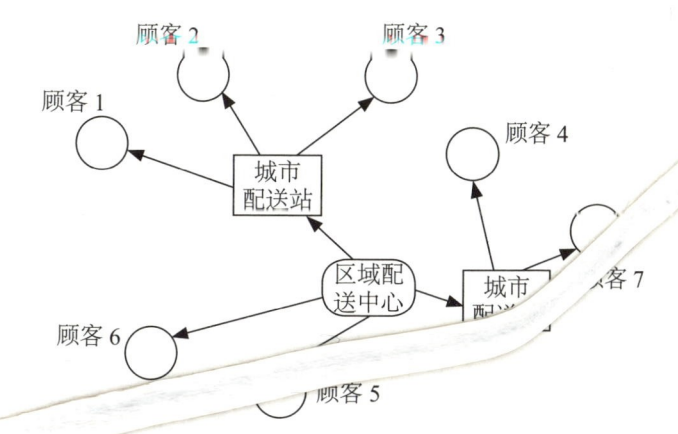

图 4-1　带配送站的两层城市配送体系网络结构

城市配送站在整个城市配送体系中起到承上启下的作用，涉及的功能包括集货、理货、组配、配送组织安排、送货等。由于配送站一般设立在靠近居民区的位置，其选址问题必然受到各方面因素的影响，诸如配送成本、服务效率、空间条件、环境等。因此，采用单一目标来决策显然不合适，多属性决策模型更加符合实际。

近年来，已有许多学者利用不同的研究方法，从不同视角对配送设施选址问题进行了较为深入的研究。郑家佳的《层次分析法在配送中心选址决策中的应用》[124] 在构建配送中心评价指标体系的基础上，运用层次分析法构建了物流配送中心选址决策模型。蒋美仙的《基于 AHP 和目标规划的物流配送中心集成选址模型研究》[125] 从定性与定量两个方面确定了物流配送中心选址的指标体系。并构建了基于 AHP 和目标规划的物流配送中心集成选址模型。曹庆奎、李现美的《基于灰色—DEA 的物流配送中心选址研究》[126] 在构建成本—效益型指标体系基础上，提出了基于灰色—DEA 的物流配送中心选址决策模型。徐斌、高健的《基于信息熵—灰色关联法的物流配送中心选址模型研究》[127] 基于物流配送中心的特征，构建了物流配送中心选址的评价指标体系，进而提出了基于信息熵—灰色关联法的物流配送中心选址模型。边红梅、黄速成的《模糊综合评判法在配送中心选址中的应用》[128] 利用模糊综合评判方法确定配送中心最优选址。何满辉的《基于信息熵多属性决策的物流供应商选择评价》[129] 针对传统的熵值和熵权计算公式的不足，提出改进的熵权计算公式，并利用混合加权法确定不确定属性的权重，进而结合多属性决策模型建立多属性决策评价方法。刘文强的《基于区间灰度的区域物流配送中心选址实证分析》[130] 提出采用语言标度和标度构成的有序对作为评价标度，并利用 OWA 算子获得评价指标权重和组合权重，给出一种区域物流配送中心选址方法。陈战波、黄小舟的《物流配送中心选址的改进灰关联度评价方法》[131] 提出一种基于改进灰关联度的物流配送中心选址评价方法和评价过程。范荣华的《基于直觉模糊数的物流配送中心选址的评价方法》[132] 采用文献综述法和问卷调查法构建了物流配送中心选址评价指标体系，采用组合赋权法确定指标权重，并提出了一种基于直觉模糊数的物流配送中心选址评价方法。从上述文献综述可以看出，物流配送设施选址决策问题的评价方法很多，其中模糊评价法应用最为广泛 [133, 134]。与经典的评估方法相比，模糊评价法虽有它的优点，但也存在极值掩盖、信息丢失与最大隶属度原则不适用等不足[135]。

物流配送中心选址是一个复杂的决策问题，因素涉及定量与定性指标，具有一定的不确定性[136]，且各因素之间存在矛盾关系。可拓学是由中国学者蔡文首创，近30年来形成和发展起来的一门新学科。该理论由于能很好地处理多参数且矛盾的、不相容的问题，推理过程严密、运算工作量小。它为平价决策问题提供了一种新思路、新方法，已广泛应用于综合评价[137]及优化决策[138]等领域。然而其在理论上仍存在一些不完善的地方，导致其在评价过程中具有局限性。

由于客观事物的复杂性与不确定性及人类思维的模糊性，决策者往往难以用精确的数值来描述评级指标的信息量[139]。在这种情况下，用区间数来表示评价指标取值是个很好的选择。故应用可拓法进行综合评价时，用区间数来描述物元特征值更符合实际。尽管如此，基于区间物元的可拓评价法在物流系统综合评价领域的应用还未见研究文献出现。同时在物流中心选址评价时，指标权重对于评估结果有着重要影响。通常的主观赋权法有较大的主观随意性，而客观赋权法基本没有反映评价主体的偏好，两种赋权法都具有一定的局限性。为了物流中心选址评价时赋权更加科学，评价结果更加真实，本章提出了基于决策者偏好和赋权法一致性的方法对客观赋权与主观赋权进行集成，使指标的赋权达到主观和客观的统一。

第二节　城市配送站选址评价指标体系

城市配送站作为城市内部配送系统中的一个特殊节点，其选址的合理性将直接关系到能否实现物流资源的合理配置，促进城市配送活动的高效性，从而创造社会整体效益。参考相关文献，在科学性、系统性、可比性以及实用性原则的基础上，借鉴前人研究成果并充分考虑数据可得性的前提下，从配送网络运作成本、配送站服务容量、配送成本变动方差、交通条件、发展可持续性、政治、资源环境条件多角度建立评价指标体系，如表4-1所示。

表 4-1　城市配送站选址评价指标体系

指　　标	含　　义	获取方式
运作成本	包括配送站固定成本、送货成本等构成	从定量模型求解结果而得
服务能力	可服务的日均最大网购顾客数	
变动方差	城市配送网络运作成本变动方差	
交通条件	配送站周边的交通便捷条件	通过 Delphi 法获得
可持续性	经营是否可持续	
政治、资源环境	配送站经营是否有优惠政策、环境影响等	

第三节　区间可拓决策模型

一、预备知识

在数学中，点 x 与点 y 的距离已有定义，即

$$\rho(a^L, a^R) = |a^R - a^L| \tag{4.1}$$

在传统的可拓学理论中，设 x 为实数域 $(-\infty, +\infty)$ 上任意一点，$[b^L, b^R]$ 为实域上任意有限区间，则称

$$\rho(x, [b^L, b^R]) = \left| x - \frac{b^L + b^R}{2} \right| - \frac{1}{2}(b^R - b^L) \tag{4.2}$$

为点 x 与区间 $[b^L, b^R]$ 的距离。

为了建立区间上的关联函数，必须引入区间与区间的距离。设 $[x^L, x^R]$ 与 $[b^L, b^R]$ 为实数域上的任意有限区间，则称

$$\rho([x^L, x^R], [b^L, b^R]) = \frac{1}{2}(\rho(x^L, [b^L, b^R]) + \rho(x^R, [b^L, b^R])) \tag{4.3}$$

为区间 $[x^L, x^R]$ 与区间 $[b^L, b^R]$ 的距离[140]。

二、问题描述

某物流中心选址的多指标决策问题，有 s 个备选方案，记为方案集 $N = \{N_1, N_2, \cdots, N_s\}$；$m$ 个指标，记为指标集 $C = \{C_1, C_2, \cdots, C_m\}$；指标 $C_j (1 \leq j \leq m)$ 的权重为 $w_j (1 \leq j \leq m)$，且有 $0 \leq \omega_j \leq 1$，$\omega_1 + \omega_2 + \cdots + \omega_m = 1$；试应用区间可拓学理论确定选址方案。

三、物元模型定义

可拓学以物元理论作为其理论框架，物元[141]是可拓学认识世界的基本逻辑细胞，它将现实事物抽象为事物、特征及事物关于该特征值的量值所组成的一个三元组，记作 $R = (N, C, V)$。其中，N 为方案，C 为评价指标，V 为 N 关于 C 的区间量值，这三者称为物元的三要素，其物元的表达式记为

$$R = \begin{bmatrix} N & C_1 & V_1 \\ & C_2 & V_2 \\ & \vdots & \vdots \\ & C_m & V_m \end{bmatrix}$$

则备选方案集 N 关于评价指标集 C 的区间数决策矩阵为

$$\begin{aligned} V &= \begin{bmatrix} V_{11} & V_{12} & \cdots & V_{1s} \\ V_{21} & V_{22} & \cdots & V_{2s} \\ \vdots & \vdots & \ddots & \vdots \\ V_{m1} & V_{m2} & \cdots & V_{ms} \end{bmatrix} \\ &= \begin{bmatrix} [v_{11}^L, v_{11}^R] & [v_{12}^L, v_{12}^R] & \cdots & [v_{1s}^L, v_{1s}^R] \\ [v_{21}^L, v_{21}^R] & [v_{22}^L, v_{22}^R] & \cdots & [v_{2s}^L, v_{2s}^R] \\ \vdots & \vdots & \ddots & \vdots \\ [v_{m1}^L, v_{m1}^R] & [v_{m2}^L, v_{m2}^R] & \cdots & [v_{ms}^L, v_{ms}^R] \end{bmatrix} \end{aligned}$$

四、确定经典域与节域

在确定了评价模型物元表达式的基础上，就可以根据衡量条件确定期望方案（理想方案）的物元模型为

$$
\mathbf{R}_o = \begin{bmatrix} N_o & C_1 & \bar{V}_{1o} \\ & C_2 & \bar{V}_{2o} \\ & \vdots & \vdots \\ & C_m & \bar{V}_{mo} \end{bmatrix}
$$

式中，$\bar{V}_{jo}$ 为理想方案 N_o 关于指标 C_j 的区间范围，$\bar{V}_{jo} = [\bar{V}_{jo}^L, \bar{V}_{jo}^R]$ $(j = 1, 2, \cdots, m)$，即经典域；记 $V_{jp} = [V_{jp}^L, V_{jp}^R](j = 1, 2, \cdots, m)$ 为指标 C_j 的所能容许的量域，即节域，其可根据每个特征指标的可能最大量值范围来确定，显然有 $\bar{V}_{jo} \subset V_{jp}$。

五、关联度

根据区距可计算关联度：

$$
K_i(V_{ji}) = \begin{cases} -\dfrac{\rho(V_{ji}, \bar{V}_{jo})}{\bar{V}_{jo}^R - \bar{V}_{jo}^L}, & \text{当} V_{ji} \subset \bar{V}_{jo} \text{或} \rho(V_{ji}, \bar{V}_{jp}) = \rho(V_{ji}, \bar{V}_{jo}) \text{时} \\[4mm] \dfrac{\rho(V_{ji}, \bar{V}_{jo})}{\rho(V_{ji}, \bar{V}_{jp}) - \rho(V_{ji}, \bar{V}_{jo})}, & \text{当} V_{ji} \not\subset \bar{V}_{jo} \text{时} \end{cases} \quad (4.4)
$$

式中，$K_i(V_{ji})$ 为评估方案 N_i 与理想方案 N_o 关于评价指标 C_j 的关联度。

六、确定权系数

传统的可拓评价方法在确定指标权重时，一般采用主观赋权法或者客观赋权法。主观赋权法主要考虑专家的知识和经验，赋值大小容易受决策者的

意向和偏好影响，主观随意性较大；而客观赋权法虽然比较客观，但很难反映专家的知识和决策者的意见，甚至有时得到的权重与实际完全不符。鉴于此，本章采用宋光兴、杨德礼的《基于决策者偏好及赋权法一致性的组合赋权法》[142]中提出的基于决策者偏好和赋权法一致性的组合赋权法，将客观权重和主观权重相融合。组合权重 $W = (\omega_1, \omega_2, \cdots, \omega_m)$ 用以下公式确定：

$$W = \sum_{k=1}^{q} [\theta\lambda_k + (1-\theta)\beta_k]W^{(k)} \qquad (0 \leqslant \theta \leqslant 1) \qquad (4.5)$$

式中，$W^{(k)} = (\omega_1^{(k)}, \omega_2^{(k)}, \cdots, \omega_m^{(k)})$ 为第 k 种赋权法所得到的指标权重值；q 为赋权方法的个数；θ 为决策者对某赋权法的偏好度在确定组合权重时的相对重要性，θ 的取值视具体决策问题而定；$1-\theta$ 为该赋权法与其他赋权法的一致性程度在确定组合权重时的相对重要性；λ_k 为决策者对第 k 种赋权法的偏好度，满足 $\lambda_k \geqslant 0(k=1,2,\cdots,q)$ 且 $\sum_{k=1}^{q} \lambda_k = 1$，$\lambda_k$ 可采用 AHP 法确定；β_k 为第 k 种赋权法的相对一致性程度，满足 $\beta_k \geqslant 0(k=1,2,\cdots,q)$ 且 $\sum_{k=1}^{q} \beta_k = 1$。

易知 W 为归一化向量，其具体计算过程如下：

（1）利用 Kendall 协和系数检验法对各赋权法所得权重的一致性进行检验，如果通过一致性检验，则利用 $W = \sum_{k=1}^{q} \lambda_k W^{(k)}$ 计算组合权重，如果没有通过一致性检验，则转下步。

（2）应用式（4.6）计算第 k 种赋权法与第 f 种赋权法的 Spearman 等级相关系数 ζ_{kf}。

$$\zeta_{kf} = 1 - \frac{6}{m(m^2-1)} \sum_{j=1}^{m} (p_j^{(k)} - p_j^{(f)})^2 \qquad (4.6)$$

式中，$p_j^{(k)}$ 为第 k 种赋权法中指标 $C_j(1 \leqslant j \leqslant m)$ 的权重在该赋权法所得权重向量中的排序号；$p_j^{(f)}$ 含义相同。

（3）计算第 k 种赋权法的平均一致性程度，其计算公式为

$$\zeta_k = \frac{1}{q-1}\sum_{f=1,f\neq k}^{q}\zeta_{kf} \qquad (4.7)$$

（4）归一化处理，即

$$\beta_k = \zeta_k \bigg/ \sum_{f=1}^{q}\zeta_f \qquad (k=1,\cdots,q) \qquad (4.8)$$

（5）利用公式（4.5）可得组合权重向量 $\boldsymbol{W}$。

七、优度计算

评估方案 N_i 的优度为

$$K_i = \sum_{j=1}^{m}\omega_j K_i(V_{ji}) \qquad (4.9)$$

由于优度是反映物流中心选址备选方案接近期望方案（理想方案）的度量，关联度越大，则该备选方案就越接近期望方案，即该方案越佳。

第四节 实 例 分 析

以服务电子商务企业的某第三方物流企业计划在市区布局城市配送站为例。首先通过初选得到 3 个备选的选址方案，选址方案集 $N = \{N_1, N_2, N_3\}$；且有 6 个考核指标 $C = \{C_1, C_2, \cdots, C_6\}$，分别对应表 4-1 中各配送站选址评价指标。

步骤 1：构建方案集 N 对评价指标集 C 的区间数决策矩阵为

$$V = \begin{bmatrix} [2610,2630] & [2690,2750] & [2650,2700] \\ [180,190] & [150,170] & [200,210] \\ [0.1,0.15] & [0.3,0.35] & [0.4,0.45] \\ [0.8,0.9] & [0.7,0.85] & [0.8,0.9] \\ [0.75,0.85] & [0.8,0.9] & [0.75,0.85] \\ [0.8,0.9] & [0.7,0.85] & [0.8,0.9] \end{bmatrix}$$

步骤 2：根据市场竞争的要求和企业自身状况，给出经典域和节域：

$$R_o = \begin{bmatrix} N_o & C_1 & [0,2600] \\ & C_2 & [0,200] \\ & C_3 & [0,0.2] \\ & C_4 & [0.9,1.0] \\ & C_5 & [0.9,1.0] \\ & C_6 & [0.9,1.0] \end{bmatrix} \quad R_p = \begin{bmatrix} N_p & C_1 & [0,2800] \\ & C_2 & [0,300] \\ & C_3 & [0,0.5] \\ & C_4 & [0.6,1.0] \\ & C_5 & [0.6,1.0] \\ & C_6 & [0.6,1.0] \end{bmatrix}$$

步骤 3：计算关联度

利用公式（4.2）～（4.4）可计算出各待评方案的关联度，如表 4-2 所示。

表 4-2　待评方案的关联度

指　标	方　案		
	方案 1	方案 2	方案 3
C_1	−0.08	−0.47	−0.38
C_2	0.08	0.2	−0.07
C_3	0.35	−0.42	−0.25
C_4	−0.25	−0.50	−0.25
C_5	−0.4	−0.25	−0.40
C_6	−0.25	−0.50	−0.25

步骤 4：确定权系数

采用基于决策者偏好和赋权法一致性的组合赋权法来确定综合权重，其中三种赋权法分别为熵权法、AHP 法、Deiphi 法，$\theta = 0.5$，则各指标权重的计算结果如表 4-3。

表 4-3　组合权重计算表

权重	指　　　　标						参数	
	C_1	C_2	C_3	C_4	C_5	C_6	β_k	λ_k
$W^{(1)}$	0.30	0.13	0.11	0.15	0.08	0.23	0.44	0.30
$W^{(2)}$	0.42	0.13	0.11	0.07	0.09	0.18	0.34	0.35
$W^{(3)}$	0.35	0.09	0.08	0.16	0.17	0.15	0.22	0.35
W	0.35	0.12	0.10	0.13	0.11	0.19	—	—

步骤 5：优度计算评价结果判断

根据表 4-2、表 4-3 和式（4.9）确定待评的 3 个选址方案优度，结果为 $K_1 = -0.11$，$K_2 = -0.37$，$K_3 = -0.29$。

确定全体方案优劣序：$N_1 \succ N_3 \succ N_2$。即方案 1 为最佳方案。

步骤 6：结果验证

为了验证区间可拓评价模型的可行性与有效性，本章将运用灰关联评价方法对案例进行评价，并将二者的评价结果进行比较。灰关联度评价方法的具体评价过程可参考钟诗胜、王体春、丁刚的《基于多指标灰区间数关联决策模型的产品方案设计》[143]，计算可得三个方案的灰关联度分别为 0.91、0.74、0.78，即方案 1 为最优方案，其结果与本章提出的区间可拓评价模型的评价结果相同。由于灰关联度评价方法是一种运用比较广泛的决策评价方法，其可行性已经在众多工程实践中得到了验证，从而验证了本章提出的区间可拓评价模型的可行性与有效性。

第五节 本章小结

　　本章针对城市配送站选址具有多属性特征，提出了可拓多属性评价决策模型。在模型构建过程中，引入区间数来表示决策者对指标属性的评价，使之更加符合客观事物的复杂性和不确定性；提出了基于决策者偏好和赋权法一致性的组合赋权法，兼顾到评价主体对指标的偏好，同时减少评价过程中的主观随意性，从而达到主观与客观的统一。算例表明，本章所介绍方法可操作性强，排序结果准确合理，符合实际决策环境，具有一定的实际意义，并适用于待评物元的量值为区间的问题，具有普适性。同时，也为城市配送站选址问题提供了一种新思路、新方法。

第五章 电子商务环境下双层静态定位－路径问题优化研究

第一节 引　　言

城市物流配送优化作为电子商务物流配送优化中重要的一个组成部分，是承担网购商品配送的最后一个环节。众所周知，城市物流配送对城市的可持续发展至关重要，同时也是满足城市居民日常生活需求的必要手段。然而，城市配送却给城市带来了交通严重阻塞、环境影响、高能耗等。因此城市物流配送提供商必须在较低的成本下提供更高质量的服务，很有必要对城市配送网络优化问题进行研究。该问题主要涉及两个方面的问题：设施定位问题与车辆路径问题。传统模型一般将两者分开来研究，但这往往导致配送环节整体次优解，因此研究定位－路径问题更符合现实。

目前，城市物流网络按层次分为单层城市物流配送网络与多层城市物流配送网络，其中后者以两层城市物流网络较常见。单层城市物流配送网络结构可能导致小型配送车辆需求量大、物流平台到顾客的配送路径非常长等缺点 [144]，一般适用于小型城市；而两层城市物流配送结构较适用于中型及大型城市，它包括两级的物流设施（城市配送中心与配送站）。城市配送中心一般布局在郊区，为长途运输车辆提供整合与协调服务，同时对进城或出城货物进行装卸、分拣、包装、配送等操作；配送站一般位于市区且靠近顾客需求地，主要为来自城市配送中心的货物提供收货、分拣并安排配送人员实施最终配送等服务。

我国城市人口密度一般都较大，商业活动频繁，采用两层及以上的城市物流配送网络结构更符合实际。电子商务环境下两层城市物流配送网络优化问题可以描述为：根据顾客单元——以邮政编码为单元的顾客群的需求量与地理位置，在市区选建若干配送站承接来自城市配送中心的货物，并组织适当的行车路线，使配送车辆有序为在线顾客提供终端配送服务，并在满足一定的约束条件（如顾客单元货物需求量、收货时间、车辆容量等）下，达到一定的目标，具体包括里程最短、成本最小、顾客服务满意度最大等。若在城市配送中心与配送站以及配送站到顾客单元间都采用巡回路径的配送方式，并考虑配送时间窗，前述问题可演变为带时间窗的双层定位－路径问题（LRPTW-2E）。电子商务环境下，顾客单元的需求量都比较小，研究LRPTW-2E 更有现实意义。

本章将在城市配送中心位置已经确定的基础上，研究带时间窗的双层定位－路径问题。首先，基于终端配送方式的不同，分别对顾客自取与送货上门服务的顾客设定为无时间窗限制与有时间窗限制，并针对该问题建立以配送成本最小为目标的数学规划模型，并设计了相应的约束条件；然后，针对所建模型和约束条件，设计了求解该模型的启发式算法，该算法类似于带循环过程的三阶段算法，第一阶段应用遗传算法获取配送站的选址与数量；第二阶段应用启发式算法获取路径初始解；第三阶段启发式算法主要用于改进初始解。最后，为了验证模型与设计的算法的有效性，选取改进型 Nguyen's LRP-2E 算例作为实验计算的数据集，且与其他算法进行比较分析，为解决带时间窗的双层定位－路径问题提供了一种新思路。

第二节　问题描述与假设

带时间窗的双层定位－路径问题（Two-echelon Location-Routing Problem with Time Windows，LRPTW-2E）是带时间窗的单层定位－路径问题（Single-echelon Location-Routing Problem with Time Windows，LRPTW-SE）的扩展与延伸，LRPTW-2E 问题的具体描述如下：

（1）从若干个备选地址中选建配送站，作为承接来自城市配送中心的货物并向顾客单元提供配送服务的中转点。

（2）配送车辆分 I 、II 两种类型， I 型车辆负责城市配送中心到配送站的配送服务，Ⅱ型车辆负责设施（城市配送中心或配送站）到顾客间的配送服务。车辆从设施所处的位置（城市配送中心或配送站）出发服务一系列顾客后，回到设施点。

（3）根据终端配送服务不同，顾客分为顾客自取式顾客与送货上门式顾客，并且顾客自取式顾客没有时间窗限制，可以在任何时间内配送，而送货上门式顾客需要在一定的时间窗内完成。

（4）每个顾客单元仅被一辆车辆服务一次。

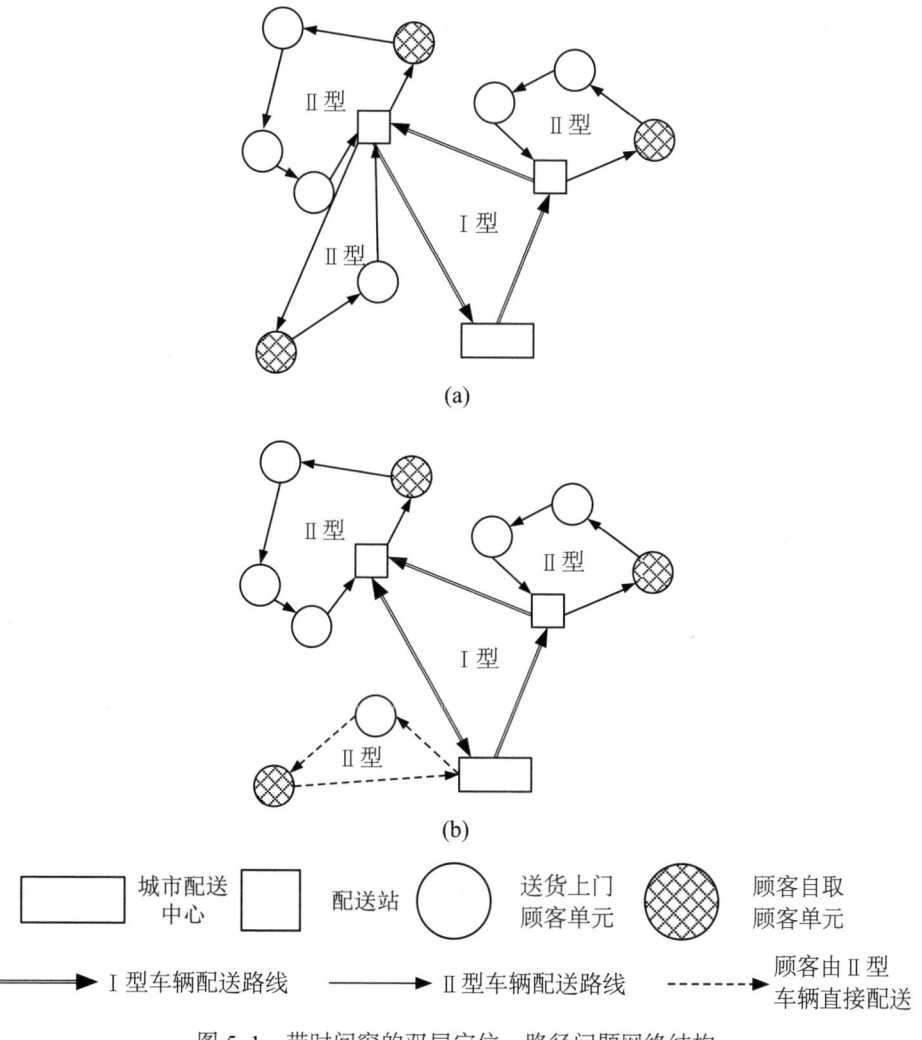

图 5-1 带时间窗的双层定位—路径问题网络结构

电子商务环境下研究带时间窗的双层定位－路径问题（LRPTW-2E）需要建立在一定的假设基础上，具体假设如下：

（1）设施。城市配送中心位置事先确定且只有一个；配送站需从若干备选地址中选建，具体建设个数由优化结果设定。配送站有容量限制且拥有足够的车辆数。另外，顾客自取点位置事先确定。

（2）顾客。顾客所在位置固定且所有客户的需求已知，且必须满足。在配送时间要求方面，顾客自取式顾客对车辆服务没有时间窗限制，而送货上门式顾客有时间窗限制。

（3）车辆。车辆从设施出发服务完顾客后回到设施处，即配送路径是一个封闭路线。两类车辆都有装载量限制且具有不同的容量，Ⅰ型车辆容量大于Ⅱ型车辆容量。

（4）道路。不考虑道路的实际交通情况，认为所有的顾客间道路都是相通的，道路网络具有对称性。

图 5-1 给出了带时间窗的双层城市配送网络结构的两种可能形式，a 图显示的是顾客（顾客自取式顾客与送货上门式顾客）仅被配送站服务；b 图显示的是顾客既可被配送站服务，又可被城市配送中心服务。显然，b 图的配送网络结构更加一般化，虽然该种配送模式可能会减少配送的整体成本，但势必会增加城市配送中心的管理难度。因为城市配送中心要同时管理Ⅰ型与Ⅱ型两类车辆，另外终端顾客与配送站的需求特征不同导致分拣方式的不同，这也会增加人力与物力。因此，具体采用哪种配送方式，物流公司可以根据具体情况来定。本章设定顾客仅被配送站服务。

本章将基于上述关于 LRPTW-2E 问题的描述和该问题的假设为基础，研究带时间窗的双层定位－路径问题。带时间窗的双层选址－路径问题（LRPTW-2E）是单层选址－路径问题的扩展，单层选址－车辆路径问题已获得一定研究成果，但研究 LRP-2E 的文献却比较少[88]，主要包括 Jacobsen[86]、Madsen[87] 以及 Nguyun[88] 等所著的三篇文献，且带时间窗的 LRP-2E 的研究工作还未开展。当前研究车辆路径问题的基本思路主要有两种：

（1）通过扩大搜索邻域改进传统启发式算法，避免陷入局部最优的缺陷，如文献 Ostertag、Doerner、Hartl 所著的《A variable neighborhood search integrated in the POPMUSIC framework for solving large scale vehicle routing problems》[145] 和 Dondo、Cerda 所著的《A hybrid local improvement algorithm approach for large-scale multi-depot vehicle routing problems with time windows》[146]。

（2）遵循"先聚类、再路径"的思路，旨在减少问题规模与计算时间，如 Ouyang 所著的《Design of vehicle routing zones for large-scale distribution systems》[147]。

本章将采用第二种方法，然而，在当前应用"先聚类、再路径"的思路设计算法时聚类过程大多只考虑需求点的空间特性，忽略了时间限制。这可能导致空间距离较近，而时间窗相差较远的两个需求点聚为同一类，这在考虑时间成本情况下是不可取的。为此，本章引入时空距离[148]的概念，以此作为聚类的量化依据。

第三节　时　空　距　离

带时间窗的车辆路径问题具有时间与空间特性，前者对应配送服务的时间窗；后者对应顾客的空间距离。车辆路径的时间与空间特性可以利用 Hägerstrand[149] 于 1970 年提出的时间地理理论框架图来描述，即在空间平面的基础上，增加垂直的时间轴。

以 5 个顾客两个巡回路径为例，如图 5-2 所示两条巡回路径（O-A-B，O-C-D-E）。图中水平平面表示二维的空间图，垂直轴表示时间轴，时间窗用垂直的圆柱来表示。从 O-A-B 巡回路线，我们可以看到，当车辆到达时刻 A_1 时，由于还未到服务最早时间，车辆必须等待；在巡回线 O-C-D-E 中，由于到达顾客 D 处的时间超过了其要求的配送服务时间窗，配送站 O 将失去顾客 D。在时间地理图中，巡回线 $O-O_2-A_1-A_2-B_1-B_2-O_3-O_4$ 表示一条时空路径，时空路径中的垂直部分表示车辆处于静止状态；倾斜部分表示车辆运行速率。

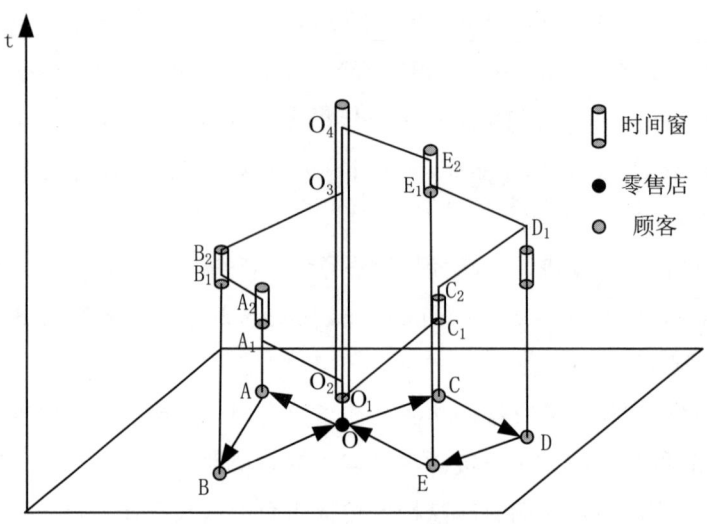

图 5-2   带时间窗的车辆巡回路线图

从时间－空间的角度来看，每位顾客都表示时间地理中的一个三维实体。则两个顾客间的时空距离可以用 Minkov 距离来表示 [150]：

$$D_{ij}^{ST} = \alpha_1 \left(D_{ij}^S - \min_{m,n \in C, m \neq n} D_{mn}^S \right) / \left(\max_{m,n \in C, m \neq n} D_{mn}^S - \min_{m,n \in C, m \neq n} D_{mn}^S \right) \qquad (5.1)$$
$$+ \alpha_2 \left(D_{ij}^T - \min_{m,n \in C, m \neq n} D_{mn}^T \right) / \left(\max_{m,n \in C, m \neq n} D_{mn}^T - \min_{m,n \in C, m \neq n} D_{mn}^T \right)$$

$$(\alpha_1 + \alpha_2 = 1; \ i, j \in C)$$

式中，C 为顾客集；D_{ij}^{ST} 为顾客 i, j 间的时空距离；D_{ij}^S 为顾客 i, j 间的空间距离；D_{ij}^T 为顾客 i, j 间的时间距离；极大与极小算子为顾客集中的所有顾客对的时间与空间距离的极值；α_1, α_2 为时间距离与空间距离的权重。

显然，顾客 i, j 间的空间距离 D_{ij}^S 可用欧几里得距离来标定，下面主要就顾客 i, j 间的时间距离标定进行详述。

车辆配送过程涉及的时间主要包括顾客间的行驶时间、顾客服务时间、等待时间以及时间窗。

这里考虑在路径上相邻的两个前后顾客 i, j, 其时间窗分别为 $[a,b]$,
$[c,d]$。假设车辆到达顾客 i 的时刻为 t_i 位于 $[a,b]$ 区间内, 在顾客 i 处的服务
时间 s_i, 顾客 i, j 间的行驶时间为 t_{ij}, 到达顾客 j 的时刻为 t_j。

从电子商务企业与顾客双方而言, 都希望车辆达到时刻恰好是顾客所希
望的最早服务时刻。本章将以该时刻为基点, 对于远离该基点的到达时间差引
入时间惩罚成本。显然, 车辆到达某顾客 j 的时刻 t_j 一般有以下三种情况:

（1）$t_j < c$, 即早于顾客 j 最早服务时刻到达, 引入单位等待惩罚成本 k_1。

（2）$c < t_j < d$, 即在时间窗内到达, 引入单位偏差惩罚成本 k_2。

（3）$t_j > d$, 迟于顾客最晚服务时刻到达, 即该顾客将不服务, 引入单
位失去惩罚成本 k_3。

上述三种单位惩罚成本的大于关系为: $k_3 > k_1 > k_2$, 且令 $a' = a + s_i + t_{ij}$,
$b' = b + s_i + t_{ij}$, 如图 5-3 所示。

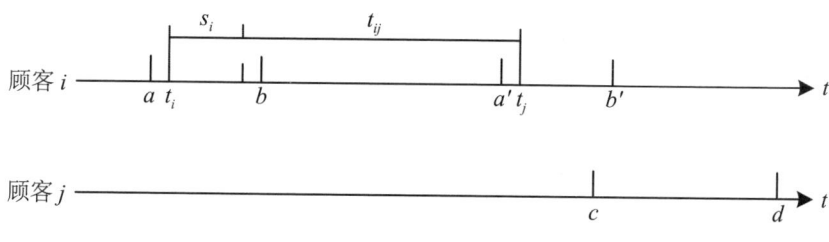

图 5-3 相邻两顾客的时间轴关系

根据上述三种情况, 可获得达到顾客 j 的惩罚成本:

$$\text{pen}_{ij}\left(t_j\right) = \begin{cases} k_1\left(c - t_j\right) & \left(t_j < c\right) \\ k_2\left(t_j - c\right) & \left(c < t_j < d\right) \\ k_3\left(t_j - d\right) + k_2\left(d - c\right) & \left(t_j > d\right) \end{cases} \qquad （5.2）$$

从时间角度来看, 上述 $\text{pen}_{ij}\left(t_j\right)$ 可理解为从顾客 i 到达顾客 j 时刻的理想
程度, 即 $\text{pen}_{ij}\left(t_j\right)$ 值越小, 越符合企业与顾客的期望。则顾客 i, j 间的时间

距离可表示为：

$$D_{ij}^T\left(t_j\right)=\mathrm{pen}_{ij}\left(t_j\right)$$

显然，$D_{ij}^T\left(t_j\right)$ 的最小值为零，如图 5-4 所示。

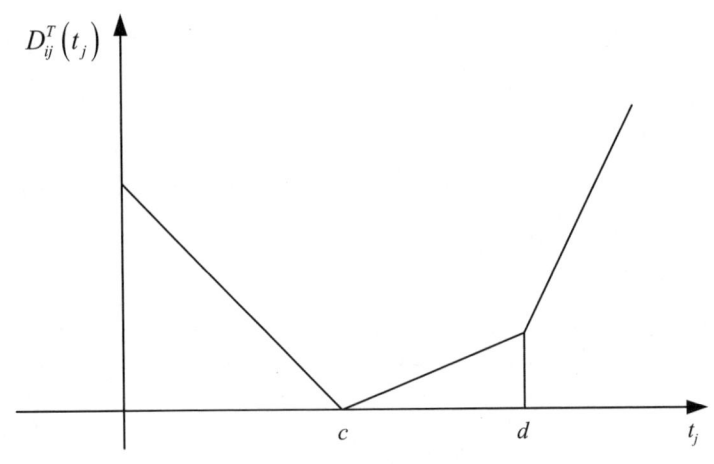

图 5-4　顾客 i，j 间的时间距离

因为车辆达到顾客 i 处的时刻 t_i 于 $[a,b]$，并假定满足均匀分布，则 t_j 位于时间区间 $[a',b']$，同样满足均匀分布。顾客 i，j 间的时刻距离的期望值可用下式计算：

$$D_{ij}^T=\int_{a'}^{b'}D_{ij}^T\left(t_j\right)\mathrm{d}t_j\,/\,(b'-a')\qquad(5.3)$$

将式（5.2）代入式（5.3），可得如下计算式：

$$D_{ij}^T=\frac{\int_{\min(a',c)}^{\min(b',c)}k_1\left(c-t_j\right)\mathrm{d}t_j+\int_{\min(\max(a',c),d)}^{\max(\min(b',d),c)}k_2\left(t_j-c\right)\mathrm{d}t_j+\int_{\min(a',d)}^{\max(b',d)}k_2\left(t_j-c\right)\mathrm{d}t_j}{(b'-a')}\qquad(5.4)$$

由于式（5.4）计算的时间距离考虑了方向性，顾客 i，j 间按不同方向可能时间距离不等，即 $D_{ij}^T \neq D_{ji}^T$，而在顾客聚类过程中，没有考虑顾客间的时间距离的方向性，故顾客 i,j 间的时间距离取两个方向计算值中的较大值：

$$\bar{D}_{ij}^T = \max\left(D_{ij}^T, \ D_{ji}^T\right) \tag{5.5}$$

将式（5.5）代入式（5.1），就可得顾客 i，j 间的时空距离。

第四节　模 型 构 建

一、符号设定

LRPTW-2E 问题可用带权的有向图 $G = (V, E, C)$ 来描述，V 为含城市配送中心节点 $\{0\}$ 的节点集，E 为边集，C 为边上的配送成本集。其他指标与参数设定如下。

1. 指标集

V_r：配送站集 $= \{1, \cdots, M\}$；

V_o：送货上门式顾客集 $= \{M+1, \cdots, M+N_0\}$；

V_w：顾客自取式顾客集 $= \{M+N_0+1, \cdots, M+N_0+N_w\}$；

V_c：顾客集 $= V_o \bigcup V_w$；

V_l：物流设施集 $= \{0\} \bigcup V_r$；

则，$V = V_r \bigcup V_o \bigcup V_w$。

2. 参数

d_j：顾客 j 的需求 $(j \in V_c)$；

sd_{ij}：地址 i，j 间的空间距离 $(i, j \in V \bigcup \{0\})$；

t_{ij}：地址 i，j 间的行驶时间 $(i, j \in V, t_{ii} = \infty)$；

$[a_j, b_j]$：顾客 j 设定的配送服务时间窗 $(j \in V_c)$；

f：配送车辆早于顾客设定的最早到达时刻时的单位等待时间成本；

s_j：顾客 j 的服务时间 $(j \in V_c)$；

ac_1：型号 I 配送车辆的单位配送成本；

ac_2：型号 II 配送车辆的单位配送成本；

FC_i：配送站 i 的建设成本 $(i \in V_r)$；

F_1：型号 I 配送车辆运行的固定运作成本；

F_2：型号 II 配送车辆运行的固定运作成本；

Q_1：型号 I 配送车辆的最大容量；

Q_2：型号 II 配送车辆的最大容量；

W_i：配送站 i 的最大配送容量 $(i \in V_r)$；

C_{max}：两节点间的最大距离 $\max\{sd_{ij} \mid i, j \in V \cup \{0\}\}$。

3. 决策变量

z_i^c：在地址 $i(i \in V_r)$ 建配送站，则为 1；否则，为 0；

δ_{ij}^o：若配送站 $i(i \in V_r)$ 服务顾客 $j(j \in V_c)$，则为 1；否则，为 0；

x_{ij}：若型号 I 配送车辆从地址 $i(i \in V_l)$ 运行到地址 $j(j \in V_l)$，则为 1；否则，为 0；

y_{ij}：若型号 II 配送车辆从地址 $i(i \in V)$ 运行到地址 $j(j \in V)$，则为 1；否则，为 0；

A_j：型号 II 配送车辆到达在线顾客 $j(j \in V_c)$ 的时刻。

二、模型建立

根据上述假设与符号定义，构建以配送总成本最小化的优化模型：

$$
\begin{aligned}
\min Z = & \sum_{i \in V_r} FC_i z_i^c + \sum_{i \in V_r} F_1 x_{0i} + \sum_{i \in V_r} \sum_{k \in V_c} F_2 y_{ik} + \sum_{i \in V_l} \sum_{j \in V_l} ac_1 sd_{ij} x_{ij} \\
& + \sum_{k \in V} \sum_{j \in V} ac_2 sd_{kj} y_{kj} + \sum_{j \in V_o} f\max\{a_j - A_j, 0\}
\end{aligned}
\tag{5.6}
$$

s.t.

$$\sum_{i \in V_r} \delta_{ij}^o = 1 \qquad \left(\forall j \in V_c \right) \tag{5.7}$$

$$\delta_{ij}^o \leqslant z_i^c \qquad \left(\forall i \in V_r, j \in V_c \right) \tag{5.8}$$

$$\sum_{j \in V_c} \delta_{ij}^o d_j \leqslant W_i z_i^c \qquad \left(\forall i \in V_r \right) \tag{5.9}$$

$$\sum_{i \in V_l} x_{ij} = \sum_{i \in V_l} x_{ji} = z_j^c \qquad \left(\forall j \in V_r \right) \tag{5.10}$$

$$\sum_{i \in F} x_{0i} = \sum_{i \in F} x_{i0} \geqslant \sum_{k \in F} \sum_{j \in V_c} d_j \delta_{kj}^o / Q_1 \qquad \left(\forall F \subset V_r \right) \tag{5.11}$$

$$\sum_{i \in V} y_{ij} = \sum_{i \in V} y_{ji} = 1 \qquad \left(\forall j \in V_c \right) \tag{5.12}$$

$$\sum_{i \in V \setminus F'} \sum_{j \in F'} y_{ij} = \sum_{i \in V \setminus F'} \sum_{j \in F'} y_{ji} \geqslant \sum_{k \in F'} d_k / Q_2 \qquad \left(\forall F' \subset V_o \right) \tag{5.13}$$

$$\sum_{i \in F} y_{ij} + \sum_{i \in V_l \setminus F} y_{ik} + \sum_{i \in F' \cup \{j,k\}} \sum_{j \in F' \cup \{j,k\}} y_{ij} \leqslant |F'| + 2$$

$$\left(\forall j; k \in V_c; F \subset V_r; F' \subset V_o \setminus \{j; k\}; F' \neq \varnothing \right) \tag{5.14}$$

$$\sum_{i \in F} y_{ij} + \sum_{i \in V_r \setminus F} y_{ik} + 3 y_{jk} \leqslant 4 \qquad \left(\forall j, k \in V_c, \forall F \subset V_r \right) \tag{5.15}$$

$$A_j = \sum_{i \in V_r} a_j y_{ij} \qquad \left(\forall j \in V_c \right) \tag{5.16}$$

$$b_k \geqslant A_k = \left(a_j + t_{jk} + s_j \right) y_{jk} \qquad \left(\forall j, k \in V_c \right) \tag{5.17}$$

$$z_i^c, \delta_{ij}^o, x_{ij}, y_{ij} \in \{0,1\} \tag{5.18}$$

式（5.6）表示以配送总成本最小化为目标的函数；式（5.7）表示顾客只被一个配送站服务；式（5.8）表示在线顾客只被选建的配送站服务；式

（5.9）表示配送站服务顾客总需求量不得大于其容量；式（5.10）表示只有配送站存在时，与之相连的路径才存在，且只有一条路径（或型号 I 车辆）为其服务；式（5.11）表示进出子集 F 的路径数相等，且大于所需服务的最少车辆数，从而避免在第一层路径中出现配送站间子回路，且满足配送车辆容量限制；式（5.12）表示每个在线顾客只被一条路径服务；式（5.13）规避在第二层路径中出现在线顾客间的子回路；式（5.14）、式（5.15）表示禁止任何一条第二层配送路径经过两个物流设施；式（5.16）表示配送车辆达到其配送路径上第一个顾客的时刻等于顾客设定的最早服务时刻；式（5.17）表示达到顾客时间必须小于顾客要求服务的最迟到达时间；式（5.18）为决策变量的 0-1 约束。

第五节　算　法　设　计

如前所述，本章研究优化问题为 NP-hard 问题，一般应用启发式算法。为解决该问题，本章设计了混合遗传算法。混合遗传算法的流程如图 5-5 所示，下面就各算法过程进行介绍。

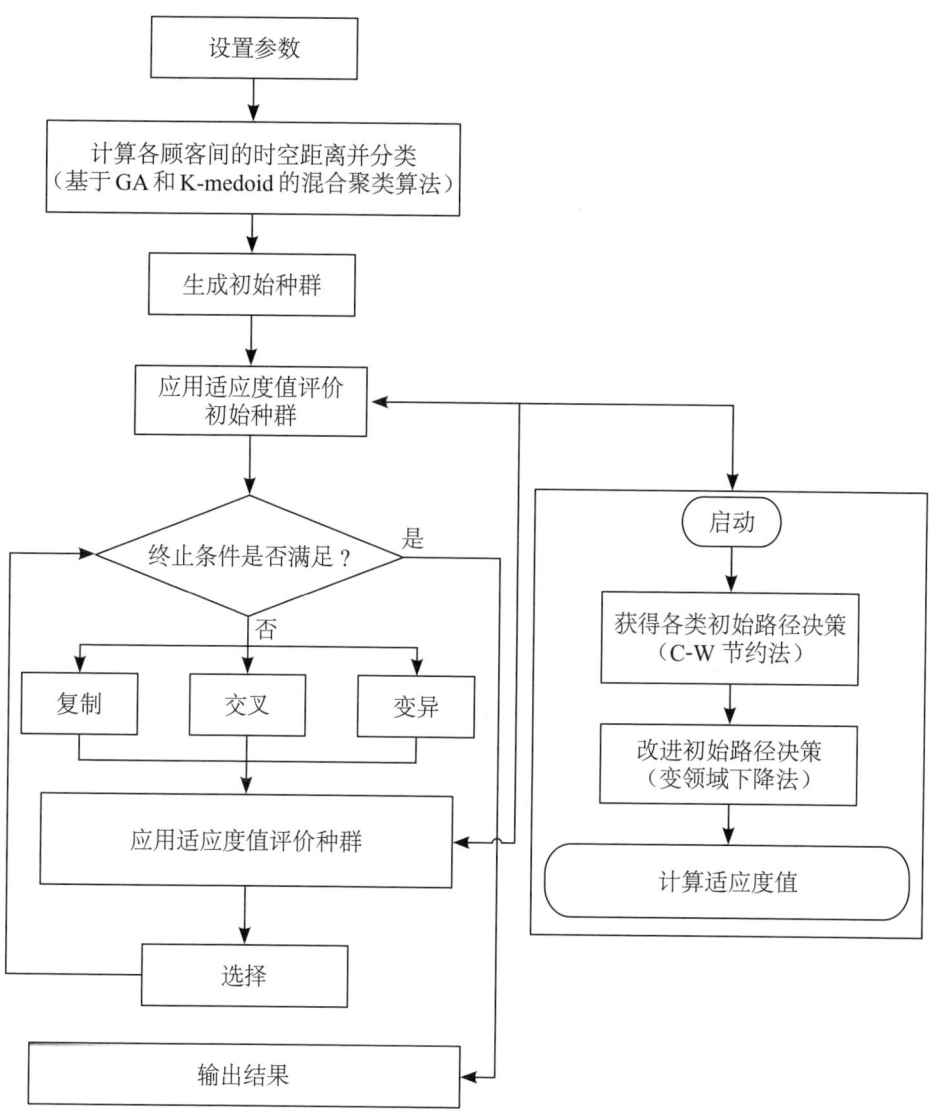

图 5–5　混合遗传算法流程示意图

一、主函数—混合遗传算法总体结构

混合遗传算法以遗传算法为主体确定配送站的选址决策，并将在线顾客配送路径算法融入遗传算法中，通过多代遗传获得优化问题的最优解或次优解。混合遗传算法的总体结构如下：

Step1：获取模型参数，并设定遗传算法所需参数：种群大小 pop-size；复制系数 p_r；交叉率 p_c；变异率 p_m；

Step2：计算送货上门式顾客间的时空距离，并应用基于遗传算法与 K-medoid 的混合聚类算法对在线顾客进行分类，同时将顾客自取式顾客按与各类间距离进行归类，详细见后面的子算法 1；

Step3：编码并获得初始种群：本算法采用 0–1 编码法，染色体由 M 个基因构成，若某基因位值为 1，则表示该基因所对应的配送站建设。并采用随机产生法获得 pop-size 个染色体作为初始种群 $P(t)(t=0)$；

Step4：种群中各染色体的适应度值计算。利用 C-W 扩展式节约算法与局部改进算法确定各在线顾客类的车辆配送路径，在此基础上，应用经典 C-W 节约算法确定配送中心到各选建的配送站的配送路径。详细过程见子算法 2。在前述各决策确定的基础上，就可获得各染色体的适应度值。其中采用目标函数值的倒数作为适应度函数；

Step5：复制过程。适应值越大的父代染色体，产生的下一代染色体目标值越佳。故选择 p_r% 拥有较大适应值的父代染色体经直接复制到子代染色体（最优策略），其中 p_r 为复制系数。

Step6：交叉过程。交叉算子是指通过交叉父代对中部分基因信息获得新子代染色体，从而让新染色体拥有父代染色体中最佳部分。交叉类型有多种：单点交叉、多点交叉以及均匀交叉等。本章采用单点交叉，应用确定的交叉率 $\left(p_c \in (0,1)\right)$ 确定参与交叉运算的父代对，各参与染色体对中交叉基因位随机产生。

Step7：变异过程。变异运算是指重新对染色体各基因进行重新赋值，获得新子代染色体，降低陷入局部最优的概率。交叉算子也存在多种类型，本算法将采用两种变异算子：倒置变异基因与随机变异算子。父代染色体参与变异运算的可能性依据变异率 $\left(p_m \in (0,1)\right)$ 来确定。

Step8：选择过程。选择算子是指从经复制过程、交叉过程与变异过程获得子代染色体中采用轮盘赌方法与最优策略选择 pop-size 个染色体作为第 $t+1$ 代种群 $P(t+1)$。

Step9：检查是否连续 6 代种群的个体最优值未发生变化，若是，即终止计算；否则，转到 Step5。

二、子算法 1：基于遗传算法与 K-medoid 的混合聚类算法

电子商务环境下决策者面临的决策问题都是较大规模问题，为了减少计算规模和计算时间，可将在线顾客按顾客间的时空距离对其进行聚类，从而将大规模问题划分为多个小规模的子问题。本章研究聚类问题属于分割聚类问题，属于 NP-hard 问题 [151]。本章将聚类问题转化为优化问题，应用基于遗传算法与 K-medoid 的混合聚类算法求解。由于顾客分为没有时间窗的顾客自取式顾客与有时间窗限制的送货上门式顾客，故本算法采用两阶段聚类，第一阶段应用遗传算法与 K-medoid 的混合聚类算法对有时间窗限制的送货上门式顾客进行聚类；第二阶段求出各聚类的中心坐标，然后分别计算顾客自取式顾客到各聚类的中心间的距离，并选取距离最短的聚类作为自取式顾客的归属类。应用遗传算法与 K-medoid 的混合聚类算法对有时间窗限制的送货上门式顾客进行聚类过程如下：

Step1：设定遗传算法参数：种群大小 pop-size；复制系数 p_r；交叉率 p_c；变异率 p_m；并确定聚类的簇数 K；

Step2：编码与初始种群。在区间 $[1, N_0]$ 内任选 K 个随机数构成一条染色体，基因值是指作为聚类簇中心的顾客编号。根据 K-medoid，其他顾客根据它与这些簇中心顾客的最短时空距离确定它所属簇类 [151]。根据编码方案，随机产生 pop-size 个染色体构成初始种群 $P(t)(t=0)$；

Step3：评价种群。根据下式评价各簇类：

$$\text{Fit} = \sum_{i}^{K} \sum_{j\text{-assigned-to-}i} D_{ij}^{ST}$$

Step4：分别采用复制过程、交叉过程、变异过程对父代种群进行操作获得染色体集 $C(t)$；

Step5：选择过程。应用 Step3 所介绍的适应度值计算方法计算 $C(t)$ 中各染色体适应度值，并采用轮盘赌方法与最优策略选择子代种群 $P(t+1)$。

Step6：检查种群连续 6 代的最优值未发生改进，若是，则终止计算；否则，转到 Step4。

三、子算法 2：路径决策算法

本章涉及的车辆路径分为两层，即配送中心到配送站的第一层车辆路径和配送站到在线顾客的第二层车辆路径。若考虑城市配送中心到顾客间存在配送关系，则相当于在城市配送中心处增加一个虚拟的配送站，该虚拟配送站没有建设成本且其容量等于顾客总需求量。而第一层车辆路径中各配送站的需求量取决于第二层车辆路径的决策，所以本算法将首先应用 C-W 扩展式节约算法与路径改进算法确定第二层车辆路径，同时决策各配送站的需求量，接着应用 C-W 经典节约算法确定第一层车辆路径。然后，应用变邻域局部搜索算法对初始决策进行改进，获得最优解。各算法具体步骤如下。

（一）C-W 扩展式节约算法

Prins[152] 首次提出用 C-W 扩展式节约算法确定配送车辆的初始路径问题，本章提出的 C-W 扩展式节约算法是在其基础上进行了调整，原因为车辆路径能否合并还取决于两条路径连接后是否满足时间窗限制。路径合并的标准主要参考五个方面：

（1）节约值最大。

（2）合并后路径富余时间最大，其中富余时间是指路径中各顾客还可推迟的时间。

（3）合并路径上各顾客需求之和必须小于 II 型配送车辆的配送容量。

（4）满足设施容量限制。

（5）顾客最迟服务时刻限制。即具体步骤如下。

Step1：将顾客按就近原则分派给选建的设施（由主函数遗传算法确定），设施与被其服务的顾客间采用直接配送路径。

Step2：分别评价两条路径各种合并形式的成本节约情况。当路径 P_1，P_2 合并时，考虑到两条路径在新路径中被配送车辆服务的先后顺序，以及合并后的路径 P 可能被分派给服务 P_1，P_2 的配送站 r_1，r_2，也可能分派给

另外的配送站 r_3，因此可合并的比较方案共 $2M$ 种。对于不满足合并标准 c、d、e 的两条路径合并的成本节约值为零。

Step3：选取最大正节约值的两条路径，并参考合并标准 b，对两条路径做出合并决策。

Step4：计算新合并路径与其他路径的合并节约值，重复 Step2 直到没有可合并的路径为止。

（二）C-W 经典节约算法

Step1：计算各配送站的需求量，并构建配送中心到已选建的配送站间直接配送路径。

Step2：分别评价任意两条路径合并时成本节约值。因为没有时间窗限制，各路径可以颠倒配送方向，故每对 P_1，P_2 合并形式有 4 种。同时合并的两条路径上顾客需求总和必须小于 I 型配送车辆的配送容量，否则，令两条路径的合并节约值为零。

Step3：选择正节约值最大的两条路径合并，并调整新合并路径与其他路径的合并成本节约值，重复此过程直到不存在大于零的成本节约值时为止。

应用上述两个算法步骤就可获得带时间窗的双层定位－路径问题（LRPTW-2E）的车辆路径初始解，为下一步初始路径改进算的优化计算打下了基础。

（三）初始路径改进算法

在前述 C W 节约法确定的第一、二层配送路径的基础上，应用变邻域局部搜索算法对初始决策进行改进，提高初始解的质量。改进算法由 5 个局部搜索算法 $N_k(k \in [1,5])$ 构成，五个局部搜索算法处理第一、二层车辆路径采用同一种命名模式：令车辆路径涉及节点为"供给点"（配送中心与配送站）与"需求点"（配送站与顾客）。另外，在应用局部搜索算法时，要检查局部搜索是否满足 I、II 型配送车辆装载容量、设施容量、时间窗等限制。令路径 P 上节点 i 的前节点与后节点分别为 ip，is。下面将介绍该五种局部搜索算法及其成本节约计算思路：

N_1-Reduction 操作：如果当前解的路径数量大于所需的最少路径条数 $N_{\min}$，其中 $N_{\min} = \dfrac{\sum\limits_{j \in V_c} d_j}{Q_2}$，则可选取包含最少装载量的路径，将路径所含顾客节点分派给其他路径，若获得的新解优于当前解，则更新当前解。依据前述方式，重复此优化操作，直到配送网络路径条数等于最少所需路径数或不能优化为止；

N_2-Relocate 操作：任选路径 P_1 上的顾客 i 插入路径 P_2 上需求点 j 后面，如图 5-6 所示。该邻域结构下成本节约值 $\Delta = \left(F_{\text{前}} - F_{\text{后}}\right) + \left(\text{AC}_{\text{前}} - \text{AC}_{\text{后}}\right)$，其中 $F_{\text{前}}$、$F_{\text{后}}$ 表示两条配送路径重新分派前后等待成本变化值；$\text{AC}_{\text{前}}$，$\text{AC}_{\text{后}}$ 表示两条配送路径重新分派前后配送成本变化值。

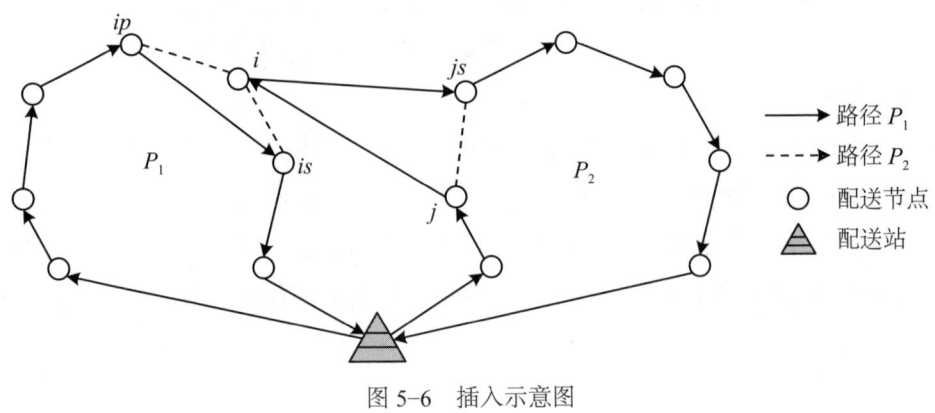

图 5-6　插入示意图

N_3-Swap 操作：交换路径 P_1 上的顾客 i 与路径 P_2 上顾客 j，如图 5-7 所示。该邻域结构下成本节约值与插入邻域结构相同；

N_4-2-Exchange。该操作过程又称为 2-OPT*，其操作过程可描述为：任选移除两条路径 P_1、P_2 上的两条边 (i,is) 与 (j,js)，增加另外两条边将产生的四条顾客点链接成两条新路径。该邻域结构下成本节约值与插入、交换邻域结构相同；根据两条路径是否属于同一配送站，分为两种情况，如图 5-8 所示。

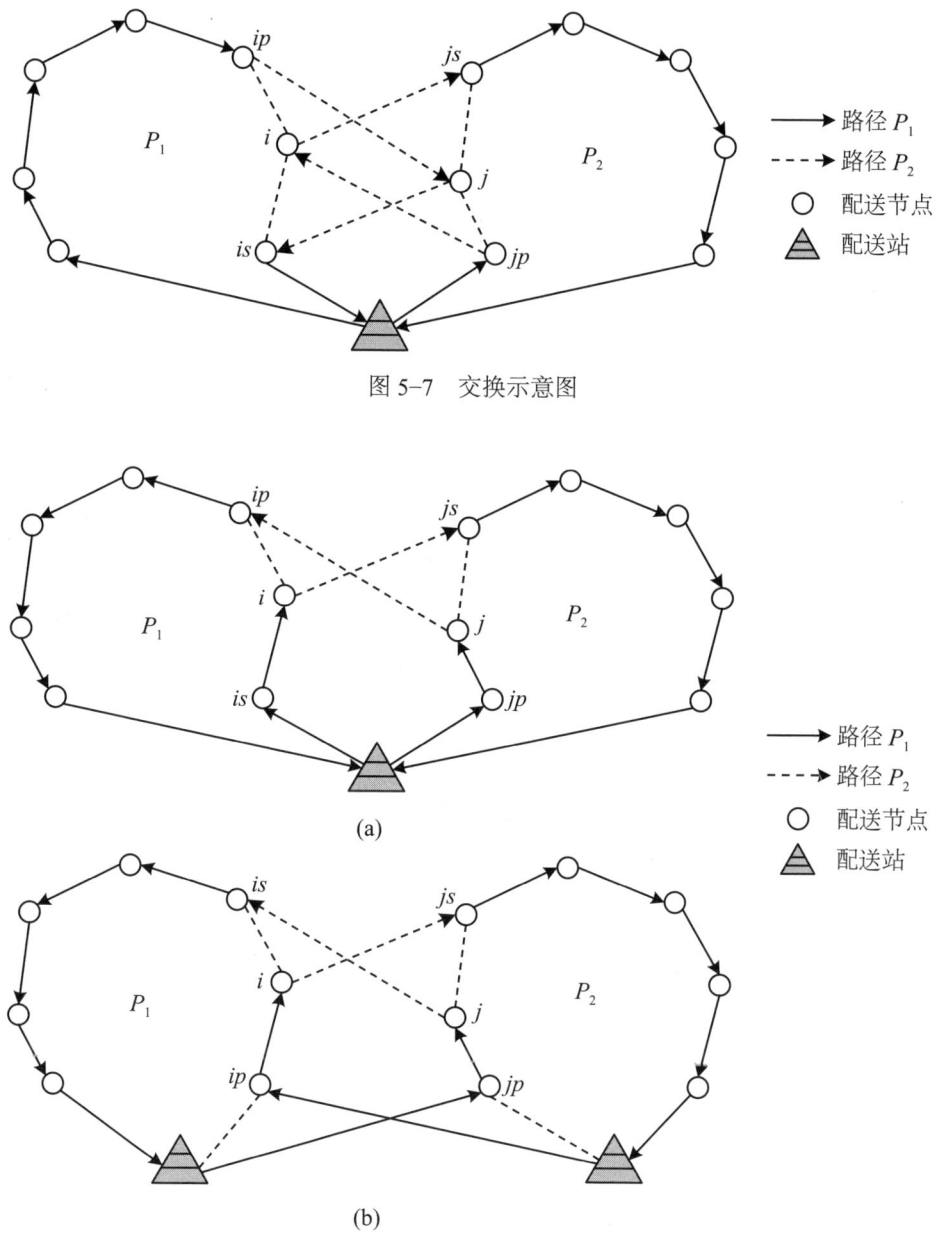

图 5-7　交换示意图

图 5-8　2–Exchange 示意

N_5–2–OPT。此操作过程用于线路内部调整，即同一条路径中的两个不相邻链接（两者不相连）以任何可能方式重新连接，如图 5-9 所示。

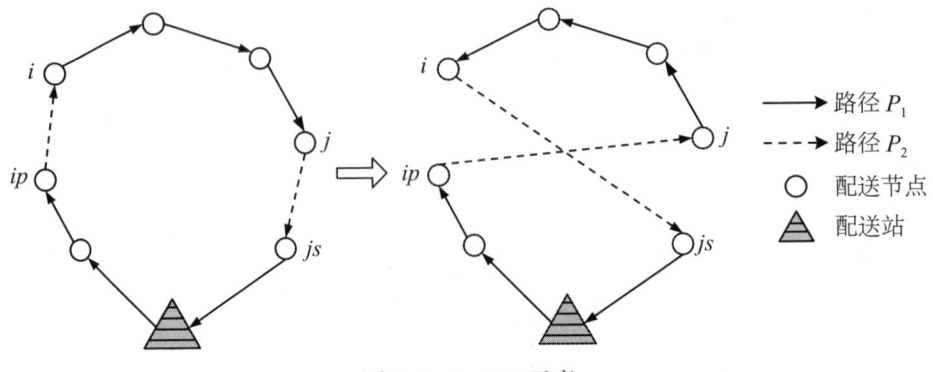

图 5–9　2–OPT 示意

对于上述每一个邻域结构，若产生的解优于当前解，则新解替代当前解，且搜索重新从第一个邻域结构 N_1 开始，否则进入下一个邻域结构里进行搜索。若最后一个邻域结构 N_5 未发现新优解，则局部搜索结束。在每一个邻域结构搜索时，采用 best-improvement 搜索策略，即在求解过程中，遍历当前解的所有邻域解，从中选取最优的邻域解作为局部最优解。具体的搜索过程如下：

Step1：令 $k=1$；

Step2：当 $k \leqslant 5$，则进行下一步操作；

Step3：应用算法 N_k 获得新路径解，并计算成本节约，若能产生正成本节约值，并令 $k=1$；否则令 $k=k+1$；

Step4：若 $k>5$，搜索停止；否则，$k=1$，并转到 Step3。

第六节　算　例　分　析

Nguyen's LRP-2E 算例是 Nguyen 等[88]设计的用于城市物流配送网络中不带时间窗两层定位－路径问题的标准化算例。本节将应用修改的 Nguyen 算例用于 LRPTW-2E 问题优化模型和混合启发式算法的计算与有效性验证。

为了验证本章所设计算法的有效性及寻优能力，本章将分两步进行：①基于改进型 Nguyen's LRP-2E 算例，通过与 GA-TS 算法计算结果进行分析比较验证本章算法与模型的有效性；②通过算例 50–10Nb 的计算过程演示进一步说明算法与模型的有效性。

算例集相关数据可从网站 http://prodhonc.free.fr/Instances/instances LRP2E_us. htm 上获取。Nguyen's LRP-2E 算例集共 24 算例，其测试算例由 5 个特性来决定：顾客数 $n \in \{25,50,100,200\}$、配送站数 $m \in \{5,10\}$、第一层车辆容量 $Q_1 \in \{750,850\}$、第二层车辆容量 $Q_2 \in \{100,150\}$、配送中心、配送站、顾客位置在 $[0, 1000]^2$ 二维平面内的分布为 $\{N,MN\}$（N 表示正态分布，MN 表示多维正态分布）。另外顾客需求满足正态分布 $N(15,25)$；配送成本取值时，直接将第一层配送路径上两点间的配送成本赋值为两点间的欧几里得距离，而第二层配送成本为距离的 2 倍。根据算例特性将算例命名为 $n-m-\{N,MN\}(b)$，其带 b 表示第一、二层配送车辆容量都取大值。

遗传算法中参数统一设定种群大小 pop-size=20；遗传代数 Popt-maxsize=50；交叉率 $p_c = 0.9$；变异率 $p_m = 0.15$。同时为了验证 HGA-ST 算法在 LRPTW-2E 问题的求解能力，并设计了 GA-TS 算法与本章所设计的计算结果进行比较分析，其中 GA 与本章算法一样用于确定配送站选址问题，TS[153] 用于解决两层的配送路径问题。

首先在 Nguyen's LRP-2E 算例的基础上构建适用于 LRPTW-2E 问题的算例集。算例与算法的具体设置如下：

（1）时间窗由随机产生的中心和宽度标定 [154]，对于送货上门式顾客点 i，其时间窗的中心 cen_i 为区间 $[0,300]$ 内随机产生的整数，式中 tw 为设定的时间窗宽度，因此送货上门式顾客点 i 的时间窗 $[a_i, b_i] = [cen_i - \frac{1}{2}tw, cen_i + \frac{1}{2}tw](tw = 60)$ 且顾客。其中假定 20% 的顾客（顾客单元）没有时间窗限制，表示这些顾客采用顾客自取式终端配送方式，运算过程设定这些顾客的时间窗为 $[0, 300]$。

（2）设定其他参数：$ac_1 = 0.5$；$ac_2 = 1$（具体取值可根据情况获取）；$f = 2$；同时设定顾客的服务时间等于顾客的需求量，即 $s_j = d_j$。

（3）设定算例中两点间距离为 0.05 km，车辆行驶速度统一设定为 1 km/min。

（4）基于时空距离的聚类操作主要用于 4 个算例，分别为 200–10N、

200–10Nb、200–10MN、200–10MNb，且聚类簇数 K 设定为 2，算法中遗传操作参数设置与主函数一样，时空距离计算时所用各参数如表 5–1 所示。

表 5–1　时空距离聚类时各参数取值表

参数	取值
α_1	0.5
α_2	0.5
k_1	2
k_2	1
k_3	100

分别应用 GA-TS 算法与 HGA-ST 算法对该 LRPTW-2E 算例集进行计算，计算结果如表 5–2 所示。虽然，本章模型与算法都没有以配送车辆数最少为优化目标，这里根据最优解获得时所需配送路径条数作为两种算法比较的另一个考察指标，如表 5–2 中各算法计算结果的第二列，斜杠线前面数字表示第一层配送车辆数；后面为第二层配送车辆数。

表 5–2　LRPTW-2E 算例计算结果

算例	n	m	Q_1	Q_2	本章算法		GA-TS	
					Cost	NVehicle	Cost	NVehicle
25–5N	25	5	750	100	19990	1/5	19990	1/5
25–5Nb	25	5	750	150	13711	1/3	13711	1/3
25–5MN	25	5	750	100	14386	1/5	14402	1/5
25–5MNb	25	5	750	150	12376	1/4	12496	1/4
50–5N	50	5	750	100	32345	2/9	32474	2/10
50–5Nb	50	5	750	150	28556	1/5	28980	1/6
50–5MN	50	5	750	100	20114	1/6	21856	1/9

续表

算例	n	m	Q_1	Q_2	本章算法		GA-TS	
					Cost	NVehicle	Cost	NVehicle
50—5MNb	50	5	750	150	24798	1/5	25405	1/6
50—10N	50	10	750	100	33853	1/8	35442	1/10
50—10Nb	50	10	750	150	28401	1/5	28471	1/5
50—10MN	50	10	750	100	36967	2/8	37326	2/9
50—10MNb	50	10	750	150	34734	2/6	35844	2/6
100—5N	100	5	750	100	50969	3/15	51706	3/16
100—5Nb	100	5	850	150	34564	2/10	35085	2/11
100—5MN	100	5	750	100	46239	3/15	47428	3/17
100—5MNb	100	5	850	150	39539	2/10	40476	2/11
100—10N	100	10	750	100	66854	3/16	67826	3/17
100—10Nb	100	10	850	150	58045	2/10	58366	2/11
100—10MN	100	10	750	100	60494	3/15	62231	3/17
100—10MNb	100	10	850	150	49017	2/10	49397	2/11
200—10N	200	10	750	100	118958	5/31	120938	5/33
200—10Nb	200	10	850	150	86738	4/21	87452	4/22
200—10MN	200	10	750	100	109856	5/32	110191	5/34
200—10MNb	200	10	850	150	103254	4/20	105502	4/22
Average		—	—	—	46865	2.2/11.4	47625	2.2/12.5

基于上述计算结果，我们可以发现：

（1）本章建议的算法求解的配送总成本均小于 GA-TS 算法的计算结果，前者平均值为 46865，后者平均值为 47625，节约了 1.62%。

（2）本章建议的算法求解的派出车辆数也少于 GA-TS 算法的计算结果，主要体现在第二层配送活动上，一般节省 1～2 辆。

为了进一步显示本章所建立模型与算法的合理性与有效性，下面将以算例 50-10Nb 为研究对象，详细给出其计算过程。表 5-3 为随机产生得各顾客单元时间窗。图 5-10 为算例 50-10Nb 的散点图。

表 5-3　顾客单元的时间窗

顾客 j	a_j	b_j	顾客 j	a_j	b_j	顾客 j	a_j	b_j
1	0	300	18	0	300	35	82	142
2	217	277	19	73	133	36	131	191
3	157	217	20	0	300	37	0	300
4	181	241	21	16	76	38	104	164
5	0	300	22	169	229	39	119	179
6	52	112	23	233	293	40	258	300
7	141	201	24	29	89	41	0	300
8	61	121	25	180	240	42	133	193
9	192	252	26	240	300	43	127	187
10	63	123	27	227	287	44	73	133
11	209	269	28	179	239	45	0	300
12	46	106	29	164	224	46	134	194
13	0	300	30	149	209	47	235	295
14	22	82	31	175	235	48	189	249
15	84	144	32	264	300	49	216	276
16	57	117	33	222	282	50	229	289
17	0	300	34	0	300			

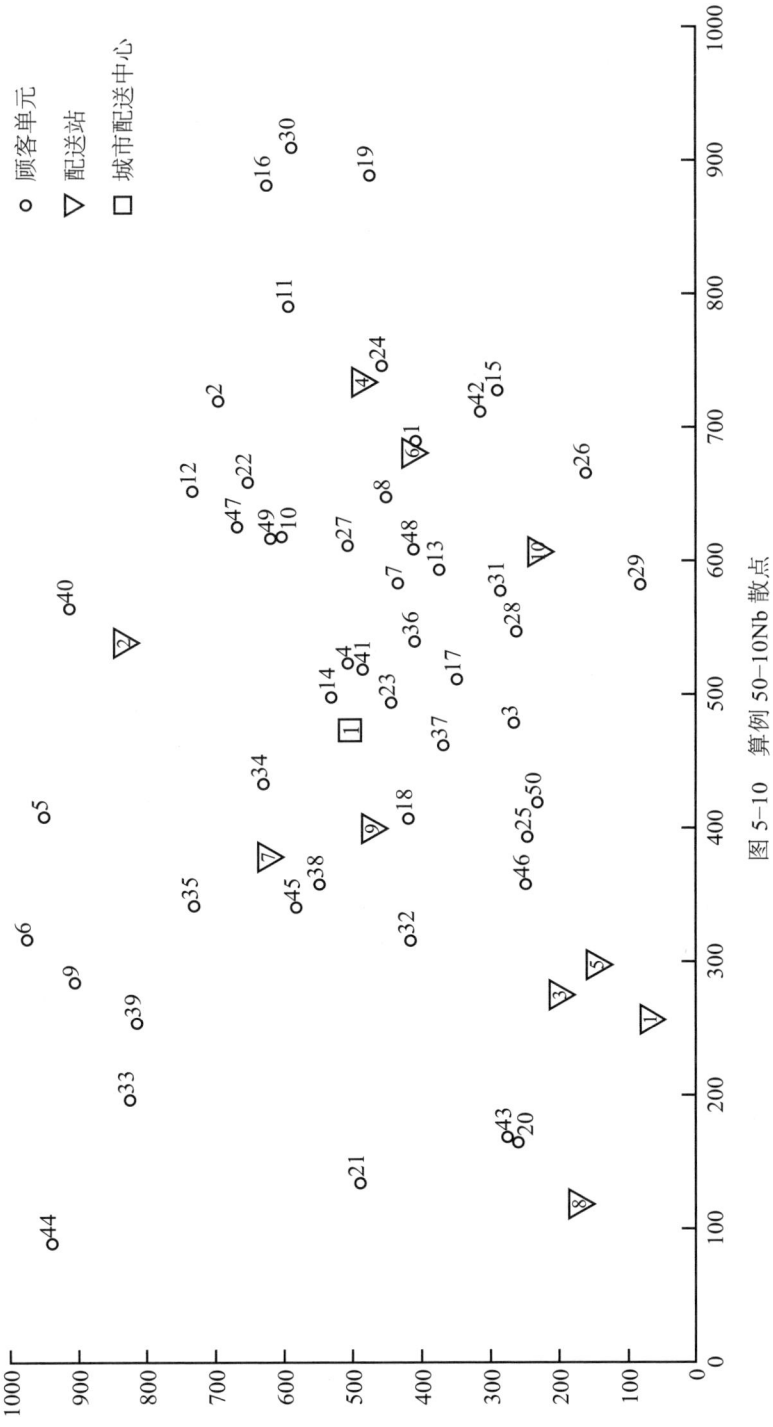

图 5-10 算例 50-10Nb 散点

应用本章所设计的算法对算例 50-10Nb 进行计算，经过 12 次迭代获得最优解。配送站决策变量为向量 Z={0, 0, 0, 0, 0, 0, 1, 0, 0, 1}，配送总成本为 28401。分派车辆数为 5 辆，各车辆装载量分别为 146、150、107、147、141，装载率分别为 97.3%、100%、71.3%、98%、94%，平均装载率为 92.1%。图 5-11、5-12 显示优化后第一、二层的配送路径图。从图中可以看出，所选配送站均匀分布在城市配送中心的两边，这种布局既能较好应对顾客收货时间窗的实时变化，降低物流企业整体配送成本；又能较好适应企业未来扩展的需求。再一次说明本章模型与算法的合理性与有效性。

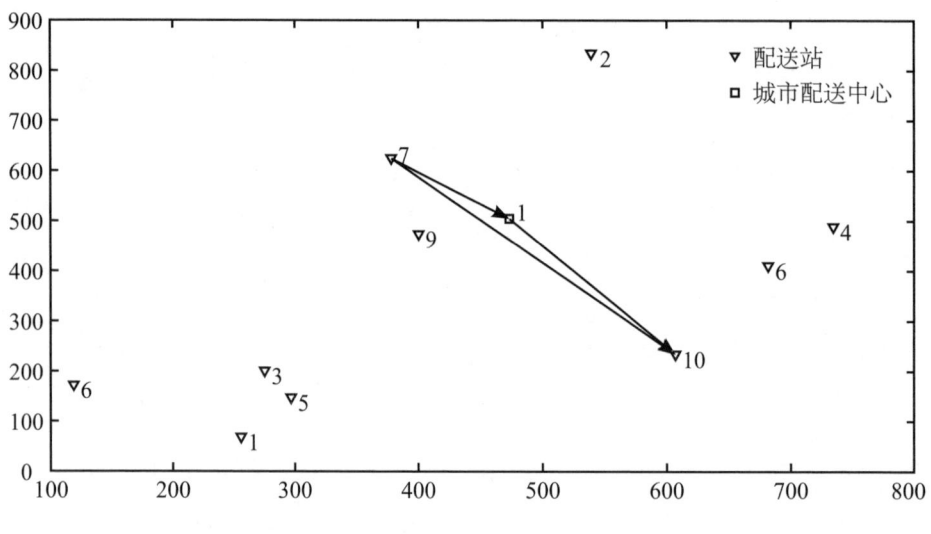

图 5-11　第一层配送路径

图 5-13 给出了车辆数与单位等待时间成本间变化关系。从图 5-13 中可以看出，其他条件相同情况下，单位等待时间成本取值不同，所需车辆数也相应不同。物流配送企业可以通过改变单位等待时间成本取值，规划车辆运行路线，从而调整所需车辆数量，降低企业固定资产投入，同时也可减缓城市交通拥堵和减轻环境污染。

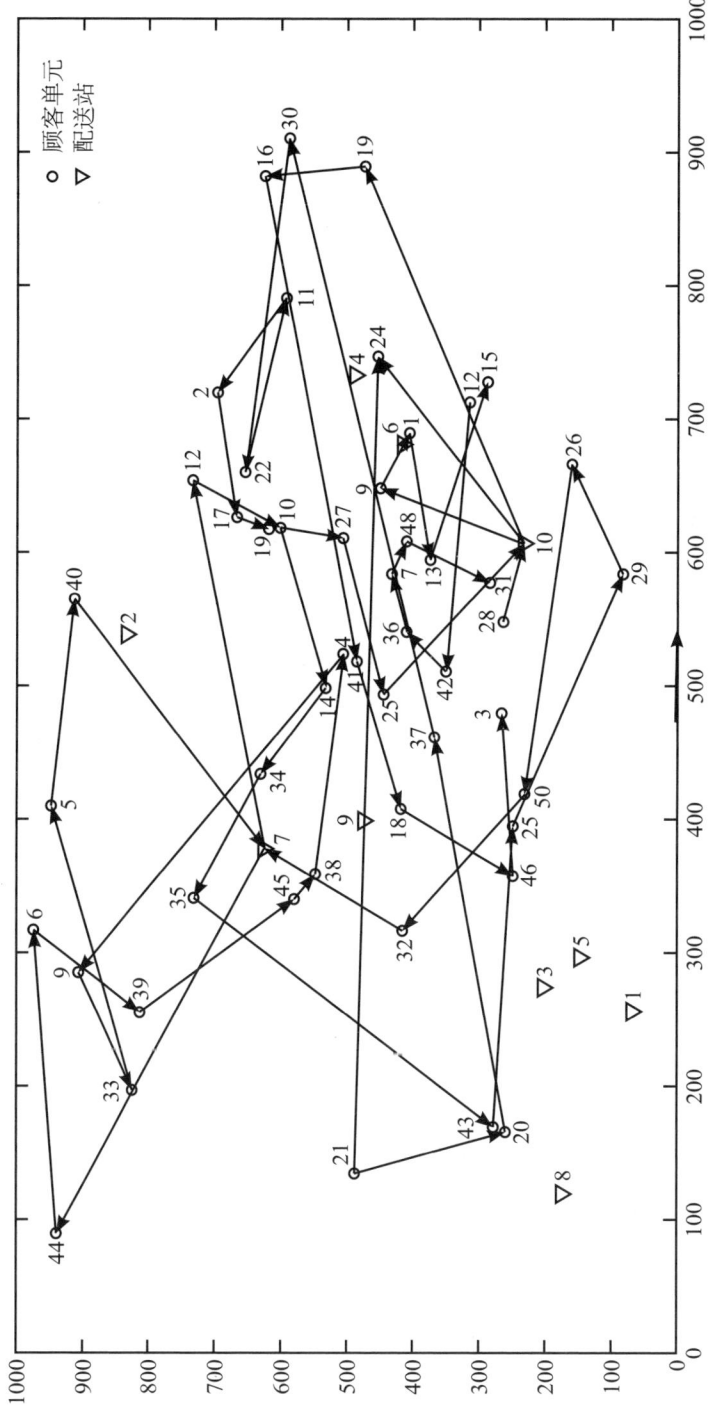

图 5-12　第二层配送路径

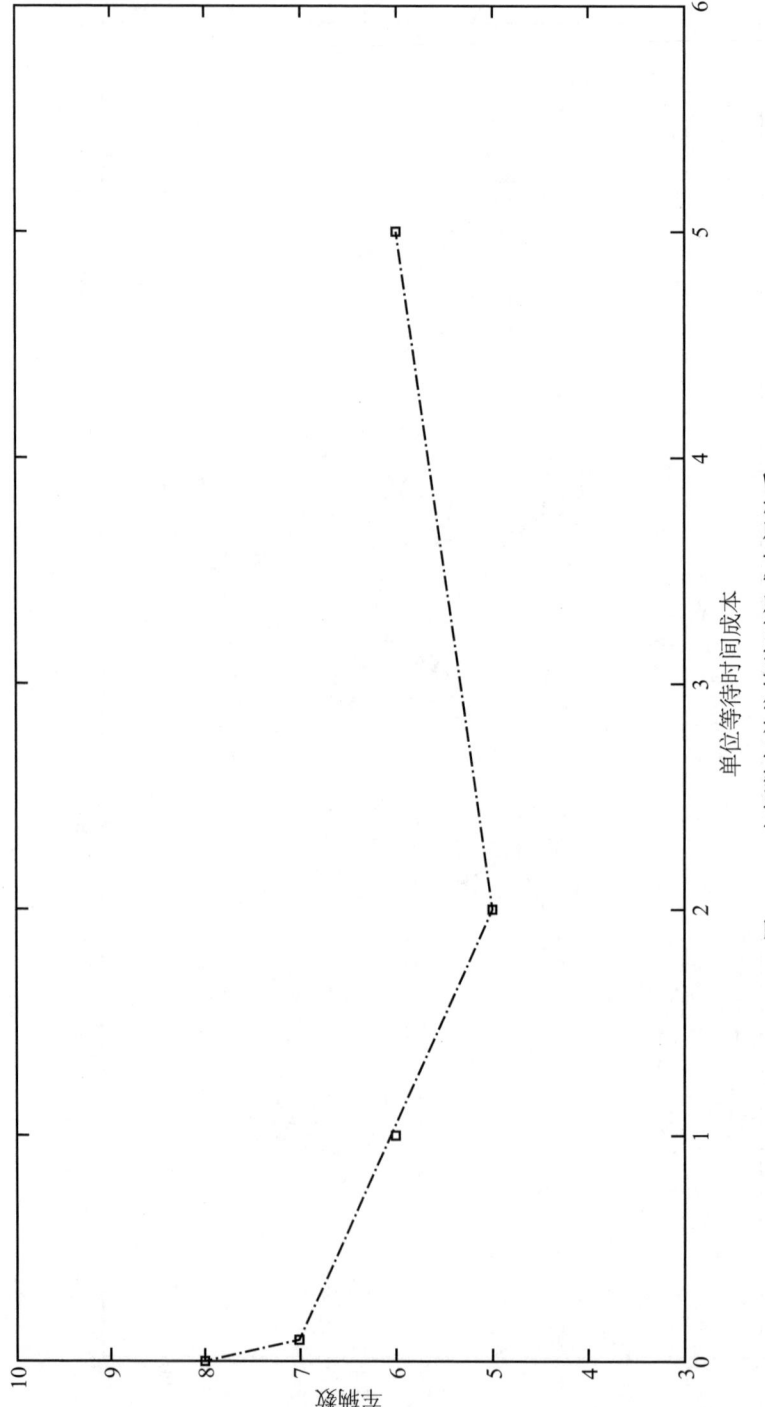

图 5-13　车辆数与单位等待时间成本间关系

第七节　本章小结

　　本章针对电子商务环境下城市物流配送网络优化问题进行了研究，即在城市配送中心位置确定的情况下，对配送站选址与车辆路径等进行了研究。首先，本章在综合顾客特点、配送要求、网络结构等因素，构建了带时间窗的双层定位－路径问题（Two-echelon Location-Routing Problem with Time Windows，LRPTW-2E）的优化模型；其次，为了求解该模型，设计混合遗传算法，该算法第一阶段初步确定配送站与配送路径，第二阶段采用启发式算法对初始解进一步改进；最后，应用修改的 Nguyen 算例对所提模型与算法进行了有效性验证，获得了满意的结果。说明本章所设计的 LRPTW-2E问题优化模型与算法为城市物流配送问题研究向前推进了一步。

第六章 电子商务环境下双层动态 定位－路径问题优化研究

第一节 引　言

　　物流基础设施是物流网络高效运作的前提和条件，其节点的选址更是决定整个物流网络的结构和规模。选址是否科学将直接影响物流系统运作的费用和客户服务水平的高低。一般而言，物流网络结构具有动态性，会随着所处的经济环境变化而发生改变，当前的最优物流配送网络不等于未来同样最优。因此很有必要根据环境的变化适当地改变物流配送网络，这就涉及动态网络优化问题。随着我国电子商务交易额的逐年增加，服务在线商品的第三方物流企业的物流配送网络也同样面临此问题，为此，本章将讨论电子商务环境下第三方物流企业的城市物流配送网络动态定位－路径问题（图6-1）。

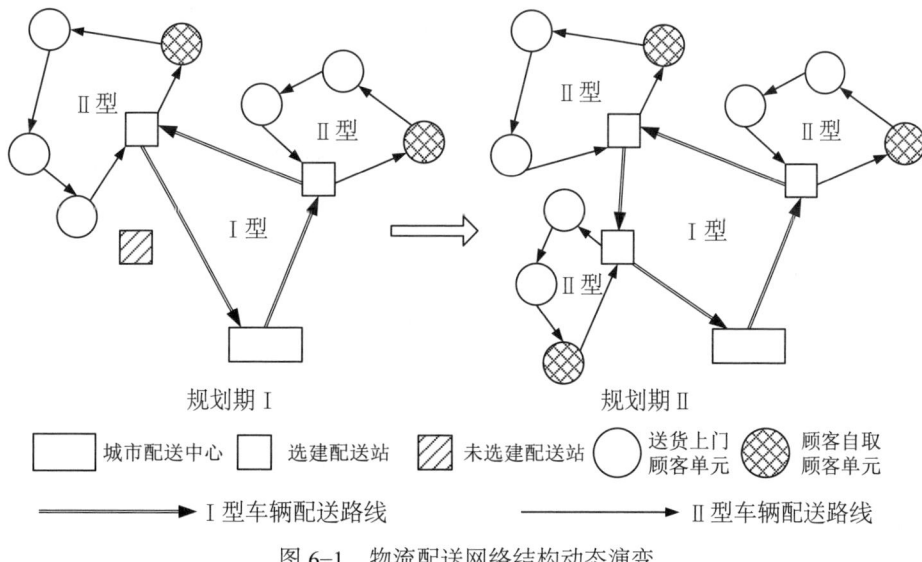

图6-1　物流配送网络结构动态演变

动态物流网络优化问题研究始于 1968 年，Ballou[155] 首次以规划期内利润最大化为优化目标，采用静态优化与动态规划相结合的方法得到了一个仓库最佳的打开和关闭时序。自此以后，动态物流网络优化问题逐步得到了广大学者的青睐，并取得了一系列的研究成果。动态物流网络优化问题实际上从整个规划周期的角度构建网络结构使之目标函数值最优。从以往研究文献来看，学者大多比较关注设施的动态性，即要么考虑设施只能开启或关闭一次，要么允许设施可重复开启或关闭。对于第三方物流企业的城市配送网络而言，主要的设施决策对象为配送站，其启动成本相对较低，因此允许配送站可多次开启或关闭更符合现实。

本章在前一章节关于带时间窗的双层静态定位－路径问题（Two-echelon Location-Routing Problem with Time Windows，LRPTW-2E）研究基础上，研究在线顾客单元数量增加与需求量变化时，第三方物流企业的城市物流配送网络的带时间窗双层动态定位－路径问题（Two-echelon Dynamic Location-Routing Problem with Time Windows，DLRPTW-2E）。首先以带时间窗的静态双层定位－路径问题优化模型为基础，引入时间维度，构建以全周期配送总成本最小为目标的多周期定位－路径优化模型；其次，根据所建模型特点设计了基于动态规划法的混合遗传算法对其进行求解，为多周期、动态的定位－路径问题研究提供了新的思路。

第二节　问题描述与假设

带时间窗双层动态定位－路径问题（Two-echelon Dynamic Location-Routing Problem with Time Windows，DLRPTW-2E）是带时间窗双层静态定位－路径问题（Two-echelon Location-Routing Problem with Time Windows，LRPTW-2E）的扩展问题。DLRPTW-2E 问题的具体描述如下：

（1）各个规划期内要求从若干个备选地址中选建配送站，作为承接来自城市配送中心的货物并向顾客单元提供配送服务的中转点。

（2）配送车辆分Ⅰ、Ⅱ两种类型，Ⅰ型车辆负责城市配送中心到配送站的配送服务，Ⅱ型车辆负责配送站到顾客间的配送服务。车辆从设施所处的位置（城市配送中心或配送站）出发服务一系列顾客后，回到设施点。

（3）根据终端配送服务不同，顾客分为顾客自取式顾客与送货上门式顾客，并且顾客自取式顾客没有时间窗限制，可以在任何时间内配送，而送货上门式顾客需要在一定的时间窗内完成。

（4）每个顾客单元仅被一辆车辆服务一次。

在电子商务环境下研究带时间窗双层动态定位－路径问题（Two-echelon Dynamic Location-Routing Problem with Time Windows，DLRPTW-2E）需要建立在一定的假设基础上，具体假设如下：

（1）设施：城市配送中心位置事先确定且只有一个；配送站需从若干备选地址中选建，并且允许配送中心在规划期多次开启或关闭。各配送站有容量限制且拥有足够的车辆数。另外，顾客自取点位置已事先确定。

（2）顾客。顾客所在位置固定且需求已知，并要求必须满足。在配送时间要求方面，顾客自取式顾客对车辆服务没有时间窗限制，而送货上门式顾客有硬时间窗限制。在配送时间方面，设定顾客服务时间与其需求量成正比。

（3）车辆。车辆从设施出发为顾客服务后返回到设施，即路径是一条封闭路线。两类车辆都有容量限制，且Ⅰ型车辆容量大于Ⅱ型车辆容量。

（4）道路。不考虑道路的实际交通情况，认为所有的顾客间道路相通的，道路网络具有对称性。

第三节 模 型 构 建

一、符号设定

DLRPTW-2E 问题可用带权的有向图 $G = (V, E, C)$ 来描述，V 为带配送中心节点 $\{0\}$ 的节点集，E 为边集中，C 为边上的配送成本集。其他指标与参数设定如下：

1. 指标集

T：规划周期集 $= \left\{ 1, \cdots, |T| \right\}$；

V_r：备选配送站集 $= \left\{ 1, \cdots, M \right\}$；

V_o：送货上门式顾客集 $= \left\{ M+1, \cdots, M+N_0 \right\}$；

V_w：顾客自取式顾客集 $= \left\{ M+N_0+1, \cdots, M+N_0+N_w \right\}$；

V_c：顾客集 $= V_o \bigcup V_w$；

V_l：物流设施集 $= \left\{ 0 \right\} \bigcup V_r$；

则，$V = V_r \bigcup V_o \bigcup V_w$。

2. 参数

d_{jt}：周期 t 内顾客 j 的需求 $\left(j \in V_c \right)$；

sd_{ij}：地址 i，j 间的空间距离 $\left(i, j \in V \bigcup \left\{ 0 \right\} \right)$；

t_{ij}：地址 i，j 间的行驶时间 $\left(i, j \in V, t_{ii} = \infty \right)$；

$\left[a_{jt}, b_{jt} \right]$：周期 t 内顾客 j 设定的配送服务时间窗 $\left(j \in V_o \right)$；

f_t：周期 t 内配送车辆早于顾客设定的最早到达时刻的等待时间成本；

s_{jt}：周期 t 内顾客 j 的服务时间 $\left(j \in V_c \right)$，其大小与顾客 i 的需求量成正比；

ac_{1t}：周期 t 内型号 I 配送车辆的单位配送成本；

ac_{2t}：周期 t 内型号 II 配送车辆的单位配送成本；

FC_{it}：周期 t 内配送站 i 的固定启动或关闭成本 $\left(i \in V_r \right)$；

F_{1t}：周期 t 内型号 I 配送车辆运行的固定运作成本；

F_{2t}：周期 t 内型号 II 配送车辆运行的固定运作成本；

Q_1：型号 I 配送车辆的最大容量；

Q_2：型号 II 配送车辆的最大容量；

W_{it}：周期 t 内配送站 i 的最大配送容量 $\left(i \in V_r \right)$。

3. 决策变量

z_{it}^c：若周期 t 内地址 $i \left(i \in V_r \right)$ 建配送站，则为 1；否则，为 0；

δ_{ijt}^{o}：若周期 t 内配送站 $i(i \in V_r)$ 服务顾客 $j(j \in V_c)$，则为 1,；否则，为 0；

x_{ijt}：若周期 t 内型号Ⅰ配送车辆从地址 $i(i \in V_l)$ 运行到地址 $j(j \in V_l)$，则为 1；否则，为 0；

y_{ijt}：若周期 t 内型号Ⅱ配送车辆从地址 $i(i \in V)$ 运行到地址 $j(j \in V)$，则为 1；否则，为 0；

A_{jt}：周期 t 内型号Ⅱ配送车辆到达顾客 $j(j \in V_c)$ 的时刻。

二、模型建立

根据上述假设与符号定义，构建以配送总成本最小化的优化模型：

$$\min Z = \sum_{t \in T} \left(\begin{array}{l} \sum_{i \in V_r} \mathrm{FC}_i \left(z_{it}^c \left(1 - z_{it-1}^c\right) + z_{it-1}^c \left(1 - z_{it}^c\right) \right) + \sum_{i \in V_r} F_{1t} x_{0it} \\ + \sum_{i \in V_r} \sum_{k \in V_c} F_{2t} y_{ikt} + \sum_{i \in V_l} \sum_{j \in V_l} \mathrm{ac}_1 sd_{ij} x_{ijt} \\ + \sum_{k \in V} \sum_{j \in V} \mathrm{ac}_2 sd_{kj} y_{kjt} + \sum_{j \in V_o} f\max\left\{ a_{jt} - A_{jt}, 0 \right\} \end{array} \right) \qquad (6.1)$$

s.t.

$$\sum_{i \in V_r} \delta_{ijt}^{o} = 1 \qquad \left(\forall j \in V_c, t \in T \right) \qquad (6.2)$$

$$\delta_{ij}^{o} \leqslant z_i^c \qquad \left(\forall i \subset V_r, j \in V_c, t \in T \right) \qquad (6.3)$$

$$\sum_{j \in V_c} \delta_{ij}^{o} d_j \leqslant W_i z_i^c \qquad \left(\forall i \in V_r \right) \qquad (6.4)$$

$$\sum_{i \in V_l} x_{ijt} = \sum_{i \in V_l} x_{jit} = z_{kt}^c \qquad \left(\forall k \in V_r, t \in T \right) \qquad (6.5)$$

$$\sum_{i \in F} x_{0it} = \sum_{i \in F} x_{i0t} \geqslant \sum_{k \in F} \sum_{j \in V_c} d_{jt} \delta_{kjt}^{o} / Q_1 \qquad \left(\forall F \subset V_r, t \in T \right) \qquad (6.6)$$

$$\sum_{i \in V} y_{ijt} = \sum_{i \in V} y_{jit} = 1 \qquad (\forall j \in V_o, t \in T) \tag{6.7}$$

$$\sum_{i \in V \setminus F'} \sum_{j \in F'} y_{ijt} = \sum_{i \in V \setminus F'} \sum_{j \in F'} y_{jit} \geqslant \sum_{k \in F'} d_{kt} / Q_2 \qquad (\forall F' \subset V_o, t \in T) \tag{6.8}$$

$$\sum_{i \in F} y_{ijt} + \sum_{i \in V_r \setminus F} y_{ikt} + \sum_{i \in F' \cup \{j,k\}} \sum_{j \in F' \cup \{j,k\}} y_{ijt} \leqslant |F'| + 2$$

$$\left(\forall j, k \in V_c, F \subset V_r, F' \subset V_o \setminus \{j,k\}, F' \neq \varnothing, t \in T \right) \tag{6.9}$$

$$\sum_{i \in F} y_{ijt} + \sum_{i \in V_r \setminus F} y_{ikt} + 3 y_{jkt} \leqslant 4 \qquad (\forall j, k \in V_c, F \subset V_r, t \in T) \tag{6.10}$$

$$A_{jt} = \sum_{i \in V_r} a_{jt} y_{ijt} \qquad (\forall j \in V_c, t \in T) \tag{6.11}$$

$$b_{kt} \geqslant A_{kt} = \left(a_{jt} + t_{jk} + s_j \right) y_{jkt} \qquad (\forall j, k \in V_c, t \in T) \tag{6.12}$$

$$z_{it}^c 、 \delta_{ijt}^o 、 x_{ijt} \in \{0,1\} \tag{6.13}$$

式（6.1）表示以配送总成本最小化为目标的函数，其中成本类型包括配送站建设或关闭成本，Ⅰ、Ⅱ型配送车辆的运作成本以及型号Ⅰ、Ⅱ型配送路径成本以及配送等待时间成本；式（6.2）表示在线顾客只被一个配送站服务；式（6.3）表示在线顾客只被选建的配送站服务；式（6.4）表示配送站服务顾客总需求量不得超过其容量；式（6.5）表示只有配送站存在时，与之相连的路径才存在，且只有一条路径（或型号Ⅰ车辆）为其服务；式（6.6）表示进出子集 F 的路径数相等，且大于所需服务的最少车辆数，避免了在第一层路径中出现配送站间循环子回路；式（6.7）表示每个在线顾客只被一条路径服务；式（6.8）表示进出子集 F' 的路径数相等，且大于所需服务的最少车辆数，避免了在第二层路径中出现在线顾客间的子回路；式（6.9）、式（6.10）表示禁止任何一条第二层配送路径经过两个配送站；式（6.11）表示车辆达到配送路径上第一个顾客的时刻等于顾客设定的最早服务时刻；式（6.12）表示达到顾客时间必须小于顾客要求服务的最迟到达时间；式（6.13）为决策变量的0–1约束。

第四节　算 法 设 计

多周期物流配送网络规划是一类规划活动集成，属于多阶段决策问题，且各问题间存在相互联系，故可以将该类问题分解为若干个相互联系的单阶段问题，然后逐个加以解决，从而获得一系列策略，最终从中选出最优策略。根据此思想，本章研究的多周期物流配送网络优化问题可视为多个单周期物流配送网络优化问题的组合，利用动态规划的思想来求解。为了避免动态规划精确算法在求解时随问题规模增大其运算时间和存储空间呈指数增长，本章将采用动态规划启发式算法[156]进行求解，设计基于动态规划思想的遗传算法，即以动态规划法中最优值函数为遗传算法适应度函数计算式，利用遗传算法获得有限个选址方案作为各阶段允许决策集，并最终获得全周期最优方案。

从算法步骤来看，本算法核心部分主要为求解各决策阶段候选配送网络的混合遗传算法与求解总体扩容策略的动态规划，现下面对这两者进行描述。

一、动态规划法

动态规划是运筹学的一个重要分支，是解决多阶段决策过程最优化的一种数学方法，由美国数学家贝尔曼等人于20世纪50年代首次提出。关于动态规划的理论知识这里将不再详述，可参考清华大学出版社2005年出版的《运筹学（第三版）》[157]。本章根据给定的规划周期划分若干决策阶段，将把多周期物流配送网络扩容优化问题转化为多阶段决策过程，然后使用动态规划求解总体决策。动态规划方法有逆序解法与顺序解法两种，两种解法没有本质上的区别，只是在行进方向以及子过程的数量函数意义有所区别。因此，这里只给出顺序解法的步骤如下：

（1）根据该配送网络动态问题的规划周期数设定阶段数 $|T|+1$，即令各阶段的状态变量为 $S_t\left(1,2,\cdots,|T|,|T|+1\right)$，决策变量为 $\mu_t\left(1,2,\cdots,|T|\right)$。状态变量与决策变量都为 M 维向量，所含元素值为配送站的选址决策变量 z_{it}^c 取值，例如，第 t 个决策阶段第 k 个状态值 $s_{kt}=\{1,0,\cdots,1\}$ 代表的意义为第一个地址建配送站，第二地址不建配送站以及第 M 个地址建设配送站。状态变量 s_t 由将混合遗传算法计算获得，第 t 阶段的可达状态集合记为 $s_t=\{s_{1t},s_{2t},\cdots,s_{nt}\}$，其中 n 表示第 t 阶段的状态集大小（Size），根据问题实际情况确定；另外需说明的是配送网络结构的第 1 阶段的状态已知且只包括一种状态 s_1，即为各配送站都不建设的状态。

（2）确定各阶段间的状态转移决策。令第 t 阶段状态 s_t 的决策为 μ_t，第 t 阶段允许决策集合 $D_t^r\left(s_{t+1}\right)$。 T_t^r 为状态转移函数，因为动态规划法采用顺序解法及本动态规划变量设置，故有如下状态转移方程：

$$s_t = T_t^r\left(s_{t+1},\mu_t\right) \tag{6.14}$$

（3）确定指标函数和最优值函数。第 t 阶段的指标函数 $v_t\left(s_{t+1},\mu_t\right)$ 由第 t 阶段状态到第 $t+1$ 阶段状态产生的转化成本及第 $t+1$ 阶段状态下的配送成本两部分构成，各计算式如下：

$$
\begin{aligned}
v_t\left(s_{t+1},\mu_t\right) = &\sum_{i\in V_r}\mathrm{FC}_i\left(z_{it+1}^c\left(1-z_{it}^c\right)+z_{it}^c\left(1-z_{it+1}^c\right)\right)+\sum_{i\in V_r}F_{1t+1}x_{0it+1}\\
&+\sum_{i\in V_r}\sum_{k\in V_c}F_{2t+1}y_{ikt+1}+\sum_{i\in V_l}\sum_{j\in V_l}\mathrm{ac}_1\mathrm{sd}_{ij}x_{ijt+1}\\
&+\sum_{k\in V}\sum_{j\in V}\mathrm{ac}_2\mathrm{sd}_{kj}y_{kjt+1}+\sum_{j\in V_o}f\max\left\{a_{jt+1}-A_{jt+1},0\right\}
\end{aligned}
\tag{6.15}
$$

最优值函数定位为（动态规划采用顺序解法递推方程）：

$$f_t\left(s_{t+1}\right)=\min_{\mu_t\in D_t^r\left(s_{t+1}\right)}\left(v_t\left(s_{t+1},\mu_t\right)+f_{t-1}\left(s_t\right)\right)\qquad\left(t=1,2,\cdots,|T|\right) \tag{6.16}$$

边界条件为 $f_0(s_1) = 0$。从第 1 阶段开始递推求解，记录每个阶段的最优函数值及其最优解，最后在第 $|T|$ 阶段获得最优值与最优解，并根据状态变量与决策变量的关系回推获得全局最优的物流配送网络动态规划策略。

二、混合遗传算法

混合遗传算法将主要获取各规划阶段内的候选配送网络结构集，并将其作为动态规划状态变量值。为了扩大各阶段状态变量取值范围，将遗传算法所得各代染色体对应的相异配送网络结构都作为状态变量集合成员，其集合大小事先确定。混合遗传算法步骤如下：

Step1：获取模型参数，并设定遗传算法所需参数：种群大小 pop-size；交叉率 p_c；变异率 p_m；遗传代数 Popt-maxsize。并设定所求阶段状态集为空。

Step2：编码并获得初始种群：本算法采用 0–1 编码法，染色体由 M 个基因构成，基因位值可取值 $\{0,1\}$，即为优化模型中配送站选址决策变量 z_{it}^c 的取值。并采用随机产生法获得 pop-size 个染色体作为初始种群 $P(t)(t=0)$，并把染色体存储到本遗传算法过程所属阶段的状态变量集合中。

Step3：种群中各染色体的适应度值计算。利用 C-W 节约算法与变邻域下降算法分别确定配送站到顾客间车辆配送路径与配送中心到已选建配送站的配送路径。在配送站选址与配送路径决策确定的基础上就可获得各染色体的适应度值，适应度值 $Fit = 1/A$，其中 A 由式（6.16）计算获得。

Step4：交叉过程。交叉算子是指通过交叉父代对中部分基因信息获得新一代染色体，从而让新染色体拥有父代染色体中最佳部分。交叉类型有多种：单点交叉、多点交叉以及均匀交叉等。本章采用两点交叉，应用确定的交叉率 $(p_c \in (0,1))$ 确定参与交叉运算的父代对，各参与交叉父代染色体对中两个交叉基因位随机产生，处于这两基因位之间的基因应用交叉运算。

Step5：变异过程。变异运算是指重新对染色体各基因进行重新赋值获得新一代染色体，降低陷入局部最优的概率。交叉算子也存在多种类型，本算法将采用两种变异算子：倒置变异基因与随机变异算子。父代染色体参与变异运算的可能性依据变异率 $\left(p_m \in (0,1) \right)$ 来确定。

Step6：选择过程。选择算子是指从经交叉过程与变异过程获得子代染色体及第 t 代种群 $P(t)$ 个体中选择按适应度值采用轮盘赌方法与最优策略选择子代种群选择 pop-size 个染色体作为第 $t+1$ 代种群 $P(t+1)$，适应度值的计算过程如 Step4 所介绍所示。

Step7：修改状态集。若状态集未达到状态集大小（Size），将所得种群 $P(t+1)$ 中各个体按适应度优劣依次加入状态集中；若已达到最大数，则将种群 $P(t+1)$ 中还未加入状态集的较优个体替换状态集中最差的个体。

Step8：检查该种群代次是否达到设定的最大遗传代数 Popt-maxsize，若达到，即终止计算；否则，转到 Step5。

上述混合遗传算法中所需的分派算法、经典 C-W 节约算法、变邻域下降算法的算法步骤可参看第四章算法设计部分，若是解决大规模问题也可首先应用基于时空距离的遗传算法与 K-medoid 的混合聚类算法对在线顾客进行分组划分为若干小问题，再进行路径优化。

在本算法的动态规划过程中，并没有考虑各决策阶段的所有可选状态，而是根据遗传算法依据动态规划最优值函数值选择各决策阶段有限个较优状态。通过调节各阶段状态个数，从而可在运算时间、存储空间和解质量三个方面进行平衡。动态规划启发式算法实质上是动态规划精确算法和最近邻算法的折中，当各决策阶段保留最优解，该算法就变为了最近邻算法。

第五节　算　例　分　析

与第五章算例相同，本节将对 Nguyen 算例 [88] 进行修改构建适用于 DLRPTW-2E 问题的算例集，从而测试本章优化模型和混合启发式算法的有效性。DLRPTW-2E 算例按下列方式产生：

（1）规划期分三期，共 8 组算例，分别为 JL1～JL8，如表 6-1 所示。算例集中各周期数据来源于原 Nguyen 算例集，如算例 JL1 的三个周期数据分别对应 25-5N、50-5N、100-5N 三个算例的数据。

表 6-1　各算例的参数设置

算例	周期			m	顾客数	分布
	T_1	T_2	T_3			
JL1	25-5N	50-5N	100-5N	5	{25,50,100}	N
JL2	25-5Nb	50-5Nb	100-5Nb	5	{25,50,100}	Nb
JL3	25-5MN	50-5MN	100-5MN	5	{25,50,100}	MN
JL4	25-5MNb	50-5MNb	100-5MNb	5	{25,50,100}	MNb
JL5	50-10N	100-10N	200-10N	10	{50,100,200}	N
JL6	50-10Nb	100-10Nb	200-10Nb	10	{50,100,200}	Nb
JL7	50-10MN	100-10MN	200-10MN	10	{50,100,200}	MN
JL8	50-10MNb	100-10MNb	200-10MNb	10	{50,100,200}	MNb

（2）各期顾客位置与需求量、设施的容量与建设成本与原 Nguyen 对应算例相同。

（3）顾客的时间窗设置与第五章相同。

模型中其他参数设定为：$ac_1 = 0.5$ ；$ac_2 = 1$ ；$f = 2$ 。同时设定顾客的服务时间等于顾客的需求量，即 $s_{jt} = d_{jt}$ 。

GA 参数值是可通过大量实验获得，本问题 GA 算法中设定种群大小 pop size=20 ；遗传代数 Popt-maxsize=100 ；交叉率 $p_c = 0.9$ ；变异率 $p_m = 0.15$ ；同时各阶段状态集大小根据配送站总数确定不同值，即 Size5=5、Size10=10。

由于前章已就本章设计的混合遗传算法的寻优能力与有效性进行了验证，本节的算例分析主要侧重于探讨动态规划法在多周期物流配送网络中的应用。为了评估动态规划法在多周期网络优化问题中的应用，在采用顺序动态规划法进行算法编程基础上，还另外设计了两个算法：①基于最近邻算法的混合遗传算法，即每阶段的状态变量只取使式（6.15）最优的一个状态变量值；②参考周建强、赵燕伟、洪欢欢等所著的《基于可拓变换的产品性能冲突传导协调方法》[138]针对多周期遗传算法染色体编码方式，如表 6-2 所示的是三周期染色体编码示例，设计求解本章模型的混合遗传算法（HGA），并采用单点交叉算子、随机变异算子，复制算子以及轮盘赌法与最优策略保留选择机制。通过三种算法的计算结果比较，评价动态规划法在 DLRPTW-2E 问题上的求解能力。

表 6-2　HGA 算法染色体编码示例

第 1 期染色体	$t=1$	0	1	0	1	1
第 2 期染色体	$t=2$	1	1	0	0	1
第 3 期染色体	$t=3$	0	1	1	1	1

分别利用基于动态规划的混合遗传算法（HGA-DP）、基于最近邻的混合遗传算法（HGA-NN）以及混合遗传算法（HGA）对算例进行计算。每个算例计算 10 次并取平均值，计算结果如表 6-3、表 6-4 所示。

表 6-3　算例最优值计算结果

数据集	HGA-DP	HGA-NN	HGA	误差	
				HGA-NN	HGA
JL1	84874	99443	85836	14.65%	1.12%
JL2	54403	55198	54554	1.44%	0.28%
JL3	72656	78268	72713	7.17%	0.08%
JL4	53636	56005	53747	4.23%	0.21%
JL5	164123	165012	164509	0.41%	0.23%
JL6	136651	137749	136815	0.80%	0.12%
JL7	145848	147887	145901	1.38%	0.04%
JL8	131638	135076	132979	2.55%	1.01%
均值	105479	109330	105882	3.52%	0.38%

表 6-4　算例 JL5 的 10 次计算结果

次数	HGA-DP	HGA
1	164156	164235
2	163978	165537
3	164212	163988
4	164098	165298
5	164156	164647
6	164087	164736
7	164234	164587
8	164056	163937
9	164156	164092
10	164099	164167
均值	164123	164509
标准差	75	523

从计算结果来看，可得到如下结论：

（1）通过表 6-3，比较本章所介绍的算法（HGA-DP）与基于最近邻的混合遗传算法的计算结果可知，前者明显要优于后者；其中算例 JL1 最优值节约成本达 14.65%，而平均值节约 3.52%。两者计算结果反映了规划时从系统与整体的角度规划网络的重要性。

（2）本章所介绍的算法（HGA-DP）与一般解决多周期问题的 HGA 算法的计算结果相近，但前者的求解值还是要优于后者。特别是算例 JL1，本章所建议的 HGA-DP 算法的计算结果为 84874，而 HGA 算法的计算结果为 85836，前者比后者成本节约 1.12%。在算例集平均值方面，两者相差 0.38%，说明两者整体计算结果还是比较接近；这些都说明基于动态规划的混合遗传算法（HGA-DP）在多周期规划问题求解方面具有较强的寻优能力。

（3）表 6-4 为 HGA-DP 与 HGA 分别对算例 JL5 进行 10 次计算结果。

从表中计算结果可知，HGA-DP 不仅计算结果平均值比 HGA 小，而且前者的标准差也小于后者，表明基于动态规划的混合遗传算法（HGA-DP）比传统求解多周期模型的混合遗传算法（HGA）具有更好的求解稳定性，同时再一次说明 HGA-DP 比 HGA 具有更好的求解能力。

需要说明的是，动态规划法作为精确算法，主要适用于小规模动态优化问题，对于大规模物流配送网络优化问题，不可避免地存在维数灾和组合爆炸问题。本章仅是将动态规划法与启发式算法的组合算法求解小规模物流配送网络优化问题的一种尝试，对于求解较大规模问题还要进一步研究。

第六节　本 章 小 结

电子商务的快速发展，必然要引起第三物流企业物流配送网络的改变。本章以此为背景，研究了当第三方物流企业 B2C 配送量增加时，城市物流配送网络中带时间窗双层动态定位－路径问题。首先，本章在考虑了顾客配送特点与顾客需求动态性的基础上，构建了城市物流配送网络 DLRPTW-2E 优化模型，以确定了各个周期内配送站建设数量、位置以及各节点间配送路径；其次，根据问题特点，设计了基于动态规划法的混合遗传算法对其进行求解；最后，以修改的 Nguyen 算例为计算对象，同时与 HGA-NN、HGA 等算法进行计算结果比较分析，从而检验了模型和算法的有效性。因此，基于精确算法与启发式算法的混合算法为物流配送网络动态规划问题研究提供了一种新的研究思路和方法。

第七章　电子商务环境下考虑退货处理的城市物流配送网络优化研究

第一节　引　言

在电子商务营销模式下，由于商品破损、商品配送错误、商品性能不符合顾客预期等原因，致使在线商品退货率较高。在线退货的典型原因主要包括商品缺陷、运输途中损坏、分拣错误、商品更新、商品交换、商品召回以及订单错误等。电子商务所售商品退货率远远高于传统商务退货率，一般类商品退货率在 20%～30% 之间 [5]。而书籍、期刊等商品平均退货率可达50%[6]。面对如此高的退货率，一方面，必然给电子商务企业带来不小的花费，Shear 等 [159] 调查发现与退货商品的相关处理费用大约为 50 美元，约为外向运输费用的三倍，另外，退货还会降低流动资金、增加短期债务、减少销售利润等；另一方面，提供便捷的退货政策能给企业带来更高的销售额与可观的利润，据 Wang 等 [160] 对我国上海的调查显示：由于便捷的退货政策，不仅 40% 的顾客愿意重复到同一家电子商务企业购物，而且 30% 的没有在线购物经历的顾客也会对在线购物产生兴趣。由此看来，便捷的退货政策可能触发更多的需求，给公司带来利润，同时设计退货政策也会由于额外的租金或建设费用、运输费用等产生一笔不菲开支。但是，没有退货政策，电子商务企业的利润必然受到影响。另外，我国于 2014 年 3 月 15 号实施的新修订的《中华人民共和国消费者权益保护法》明确规定消费者通过网络购买的商品有权自收到商品之日起 7 日内退货，且无须说明理由。因此，提高退货效率成为电子商务相关企业降低运营成本，提高企业市场竞争力必然选择，而构建完善的退货物流网络是其中的关键环节。一般而言，相比低效率的供应链网络，拥有高效供应链网络可为企业获得 40% 左右的成本节约，减少33% 的库存以及提高约 44% 的顾客服务 [161]。

为了有效控制因退货而产生的成本同时提供较高的退货便捷性，越来越多的电子商务企业与它们的第三方物流提供商尝试各种方法来降低退货物流成本，提供退货效率。目前，国内关于退货商品的收集方式一般采用三种方式：顾客发货、上门取件、顾客送货。

（一）顾客发货

顾客发货是指顾客先自费发货到电子商务企业指定仓库，电商收货后，若存在商品质量问题、物流损坏、缺少件或商品描述与网站不符等原因，运费将全额返还或以余额方式补偿。顾客直接发货显然比较昂贵，大部分电商要求顾客退货必须采用平邮方式才返还全额退货运费。另外，顾客亲自邮寄必然会带来一些麻烦，如由于包装不到位导致退货商品在运输过程出现破损，可能致使责权不明而不能退货。另外，对电子商务企业而言，这种方式也不受鼓励。据 Daugherty 等 [162] 统计，诸多退货原因中商品缺陷（26.05%）、需要修补（8.27%）、商品损坏（7.1%）是最主要的三种因素。根据三包政策以及电商的退货政策，需要退还全额退货运费的商品比重较大。由于不能与正向销售物流整合，导致整个配送成本较高。

（二）上门取件

上门取件指当顾客发现所购商品不符合预期时，向电商客服中心提交退货申请，并尽量采用原包装箱包装好，等待配送人员来取货。这种退货方式一般对顾客所处的位置有距离要求。在上门取件范围内的顾客，上门取件不收费；超出此范围内的顾客，一般不支持上门取货或者要额外收费。另外，取货时间不能保证，一般需要 3～4 天且同时需要顾客在家。

（三）顾客送货

顾客送货是指顾客将原商品送达自提点或区域售后部，且一般免退货运费。这种方式需要顾客亲自将退货商品送到电商或物流企业制定的退货收集点。同时，电商或物流企业需投入一定的成本在居民区或办公区周边布局相应网点，并且顾客也愿意承担由于送货付出的时间成本。

上述三种退货收集方式中，顾客送货方式由于顾客退货自主性较强，便捷性较好且可免退货运费，该方式得到了广大顾客的青睐[34]。同时电商与第三方物流提供商也可以减少由于取退货件而产生的人力与物力，因此，电商或物流提供商也鼓励普通顾客尽量采用顾客送货方式实施退货，否则要收取一定的上门取件费用。基于此，研究顾客送货退货方式下退货逆向物流网络优化问题研究具有较强的现实意义。

如前所述，更多的退货收集点会吸引老顾客再次光顾或增加新顾客的购买热情，用于顾客送货方式退货的这些节点越多，顾客退货越便捷，因此新的需求会触发，B2C 公司会获得较多的销售利润，同时它们的物流提供商会因为货物量增加而获利；但另一方面，更多的顾客退货收集点会产生更多的租金。所以，顾客退货收集点的布局要充分考虑布局成本与购物量增加所带来的经济效益之间的关系，要注意退货便捷性与退货经济性间的平衡。为此，本章将对退货便捷性与退货经济效益两个角度研究闭环供应链物流配送网络优化问题。本章首先以顾客送货距离作为顾客退货便捷性评价的主要因素，探讨了顾客退货便捷性评价指标的计算方法；其次，应用基于分级聚类算法估计配送车辆采用巡回路径配送方式时单位配送费用；然后，在此基础上，构建以退货便捷度最大与配送收益最大化为目标的退货物流网络优化模型，并设计适用于该问题的混合遗传算法；最后，应用改进的 Nguyen's LRP-2E 算例对模型与算法进行了有效性研究。

第二节　问题描述与假设

本章主要研究采用顾客送货方式时城市闭环供应链物流配送网络优化问题。具体可描述如下。

（1）该配送网络（如图 7-1 所示）包括正向物流环节与退货物流环节，涉及的设施包括配送中心、配送站以及初始退货收集点。其中城市配送中心与配送站处理负责终端配送外，还负责所处位置周边顾客的退货处理业务。初始退货收集点只负责收集退货商品。根据 Min[35] 的研究，退货收集点一般可选在当地药房、录像带出租店、24 小时便利店以及加油站等。设立退货收集点需要支付一定的租金。

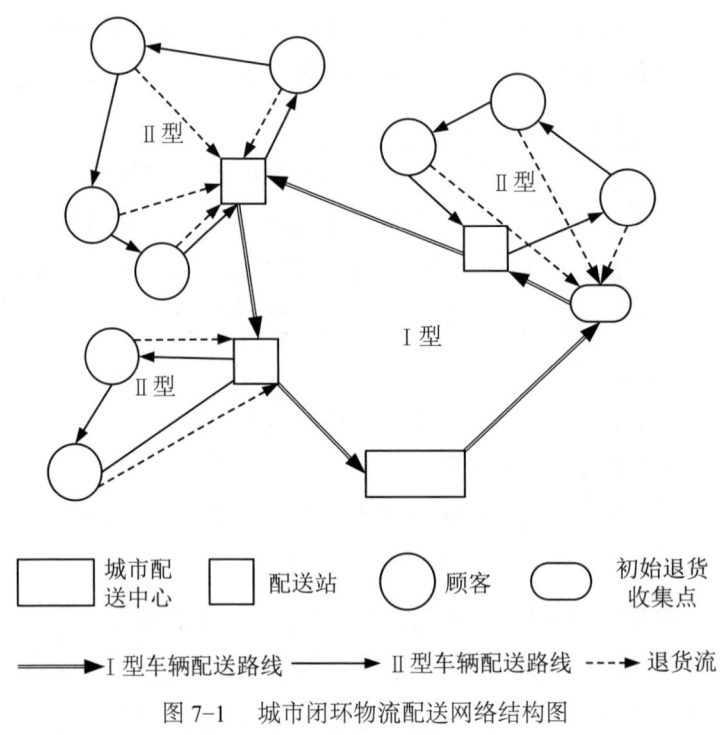

图 7-1　城市闭环物流配送网络结构图

（2）正向销售物流由两层物流配送网络完成，并且第一层与第二层配送都采用巡回路径方式。

（3）退货处理过程：首先由顾客就近将退货商品退送至电商指定的初始退货收集点；然后，由第三方物流公司进行后续的退货处理。

（4）城市配送中心与配送站都拥有足够的配送车辆用于本节点的配送业务，并且配送车辆有装载容量限制。

在构建电子商务环境下闭环供应链物流配送网络优化模型之前，为了研究方便，做如下假设：

（1）设施：城市配送中心位置事先确定且只有一个；配送站需从若干备选地址中选建，具体建设个数由优化结果设定。配送站有容量限制且拥有足够的车辆数。城市配送中心、配送站以及初始退货收集点都具有退货商品的处理功能，初始退货收集点备选地址即为顾客地址。

（2）顾客：顾客所在位置固定且初始需求已知。考虑到设定退货收集点可能诱发新的顾客需求，因此顾客的需求量将根据退货便捷度对初始需求进行修正获得。另外顾客需求存在两条配送渠道选项，即既可由配送站配送，又可由城市配送中心配送。

（3）车辆：车辆从设施处出发为顾客服务后返回到设施处，即配送路径是一个封闭路线。两类车辆都有装载量，其中Ⅰ型车辆容量大于Ⅱ型车辆容量，并且其容量可同时处理送货与集货功能。

（4）道路：不考虑道路的实际交通情况，认为所有的顾客间道路都是相通的，道路网络具有对称性。

（5）顾客的正向需求、退货率事前确定。

（6）求解问题的目标：合理安排配送站与初始退货收集点的布局，在满足上述假设条件下，使退货便捷性较优和配送网络收益尽可能多。

本章将以上述对电子商务环境下城市物流配送网络优化问题的描述和假设条件为基础，研究带双层定位－路径决策和退货决策的城市物流配送网络优化问题。下面章节将在给出参数与变量定义的基础上，构建数学规划模型，并给出求解算法与验证。

第三节　优 化 模 型

一、符号设定

1. 集设定

$F = \{0\}$：城市配送中心集；

$I = \{1, 2, \cdots, n\}$：配送站候选地址集；

$J = \{1, 2, \cdots, m\}$：初始退货收集点集；

$L = \{1, 2, \cdots, h\}$：顾客单元集；

$V_s = F \cup I$：城市配送中心与配送站的合集；

$V_d = I \cup J$：配送站与退货收集的合集；

$V = F \cup I \cup J$：设施总集。

2. 模型参数

r_l：没有退货收集设施时顾客单元 l 的日需求量，$l \in L$；

θ_l：顾客单元 l 的退货率，$l \in L$；

Hg_i：配送站 i 日运作成本，$i \in I$；

Ig_j：初始退货收集点 j 日租金，$j \in J$；

a：城市配送中心与配送站间的单位配送成本；

b：城市配送中心或配送站到顾客的单位配送成本；

p：第三方物流公司单位配送收益；

d_{0i}：城市配送中心与配送站 i 的距离，$i \in I$；

d_{0l}：城市配送中心与顾客 l 距离，$l \in L$；

d_{jl}：初级退货收集点 j 与顾客 l 间的距离，$j \in J$，$l \in L$；

$d - \max$：顾客可容忍的最大退货距离；

Q_1：型号 I 配送车辆的最大容量；

Q_2：型号 II 配送车辆的最大容量。

3. 决策变量

X_i：若地址 $i(i \in I)$ 建设配送站，则为 1；否则，为 0；

Y_j：若地址 $j(j \in J)$ 设立初始退货收集点，则为 1；否则，为 0；

V_{il}：若顾客 $l(l \in L)$ 的需求由城市配送中心或配送站 $i(i \in V_s)$ 提供配送，则为 1；否则，为 0；

W_{jl}：若顾客 $l(l \in L)$ 由设施 $j(j \in V)$ 提供退货服务，则为 1；否则，为 0。

在构建城市闭环供应链物流配送网络的优化模型之前，需要估算出城市配送中心与配送站到顾客的单位配送成本，给出退货便捷性指标函数。

二、关键参数标定

（一）单位配送费用

电子商务环境下顾客位置较分散，需求呈小批量、多批次的特点，因此配送过程中一般采用巡回路径的方式实施配送，本章将采用分级聚类法[45] 对其进行估算，即将能由同一条路径配送的顾客聚为一类，然后寻找为其服务的设施（城市配送中心或配送站），使该类顾客单位配送费用最小，从而获得配送网络总成本。具体步骤如下：

（1）将单个顾客作为一类看待。

（2）将具有最小距离的任意两类 I_p、I_q 合并成一新类 $I_k = I_p \bigcup I_q$，并且保证合并类的总需求量不超过配送车辆装载容量。在满足装载容量的条件下，尽可能将更多的顾客聚为一类，直到不能合并为止。

（3）采用求解旅行商问题（TSP）方法得到为各聚类服务的设施与最佳路径，则设施 i 服务顾客 j 的单位配送费用为：

$$C_{ij} = C_i\left(I_T\right) / \left|I_T\right| \tag{7.1}$$

式中，I_T 为聚类 T 的顾客集合；$C_i\left(I_T\right)$ 为第 i 个配送设施出发为类 I_T 服务的配送总费用；$\left|I_T\right|$ 为聚类 T 的顾客总需求量。

依据上述求解步骤，可以获得所有提供顾客配送服务的设施（城市配送中心或配送站）的配送成本估计值。同理，也可估算出城市配送中心到配送站与初始退货收集点的单位配送费用。

（二）配送网络退货便捷性计算方法

退货便捷性可理解为当顾客对所购商品不能达到预期时，企业能够完成退货要求的能力。影响退货便捷性可以考察的因素有很多，例如退货流程、退货处理时间、客户服务态度、物流、运费处理、退货信息沟通等，本章主要从逆向物流的角度考察退货便捷性。若采用顾客送货这种退货方式下，顾客所在位置到退货点间的送货距离是顾客退货时重要关切点。另外，退货便捷与否与受顾客主观评价有关。为了综合反映上述因素，给出配送网络退货便捷度的计算过程。

1. 计算单个顾客的退货便捷度

为了综合考虑顾客对退货便捷性的主观评价，将顾客退货距离与顾客退货距离预期的比值作为顾客退货便捷度。则顾客 l 的退货便捷度：

$$\varnothing_l = \begin{cases} 1 - d_{l-\min} / d\text{--max} = 1 - \min\sum_{i \in V} d_{il} / d\text{--max} & d_{l-\min} < d\text{--max} \\ 0 & \text{其他} \end{cases} \tag{7.2}$$

式中，d–max 为顾客可容忍的最远退货距离。上式可由图 7–2 描述：当顾客 l 离周边退货设施（城市配送中心、配送站或初始退货收集点）的最小距离 $d_{l-\min}$ 为 0 时，顾客退货便捷度 $\varnothing_l$ 最大，取值为 1；随着 $d_{l-\min}$ 的增大，退货便捷度 $\varnothing_l$ 逐渐减少，直到为 0，如图 7–2 所示。

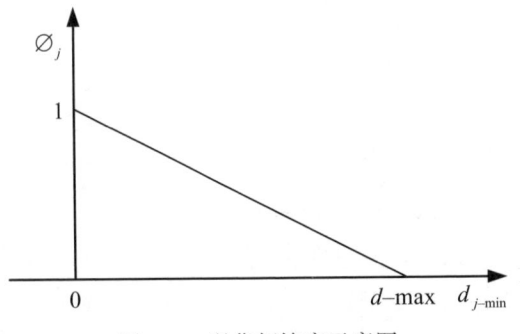

图 7–2 退货便捷度示意图

2. 计算配送网络的加权退货便捷度

为了反映顾客需求量对配送网络服务性能的重要性，以顾客需求量作为权值计算获得配送网络的加权退货便捷度 $\varnothing_{net}$：

$$\varnothing_{net} = \sum_{l \in L} \varnothing_l r_l \Big/ \sum_{l \in L} r_l \tag{7.3}$$

如前所述，退货设施的设置可能诱发新的网购需求。因此，当配送网络存在退货设施时可对各顾客单元需求进行修正，如下式（7.4）。这里假设各顾客单元不会因为地理位置差异而需求诱发率有所不同。

$$r_{\varnothing l} = \left(1 + \varnothing_{\text{net}}\right) r_l \qquad （7.4）$$

式中，r_l 为没有退货收集设施时顾客需求量；$r_{\varnothing l}$ 为存在退货设施时顾客需求量。

三、模型建立

根据上述变量的定义，构建以退货便捷度最大和配送收益最大为优化目标的数学规划模型如下：

$$\max \varnothing_{\text{net}} = \sum_{l \in L} \varnothing_l r_l \bigg/ \sum_{l \in L} r_l \qquad （7.5）$$

$$
\begin{aligned}
\max F = \sum_{l \in L} p r_{\varnothing l} \left(1 + \theta_l\right) - \bigg\{ & \sum_{i \in V_s, l \in L} C_{il} r_{\varnothing l} V_{il} \\
& + \sum_{i \in I} C_{0i} \left(\sum_{l \in L} r_{\varnothing l} V_{il} + \sum_{l \in L} r_{\varnothing l} \theta_l W_{il} \right) \\
& + \sum_{j \in J} C_{0j} \left(\sum_{l \in L} r_{\varnothing l} \theta_l W_{jl} \right) \bigg\}
\end{aligned}
\qquad （7.6）
$$

s.t.

$$\sum_{i \in V_s} V_{il} = 1 \qquad \left(\forall l \in L\right) \qquad （7.7）$$

$$V_{il} \leqslant X_i \qquad \left(\forall i \in I, l \in L\right) \qquad （7.8）$$

$$\sum_{j \in V} W_{jl} = 1 \qquad \left(\forall l \in L\right) \qquad （7.9）$$

$$W_{jl} \leqslant Y_j \qquad (\forall j \in J, l \in L) \qquad (7.10)$$

$$X_i, Y_j, V_{il}, W_{jl} \in \{0,1\} \qquad (\forall i \in I, j \in J, l \in L) \qquad (7.11)$$

其中，式（7.5）为目标函数 1，表示配送网络退货便捷度最大；式（7.6）为目标函数 2，表示配送网络日均运作总收益最大；式（7.7）表示顾客单元只由一个设施（城市配送中心或配送站）服务；式（7.8）表示顾客单元只能被已选建的配送中心提供服务；式（7.9）表示顾客单元只由一个退货设施服务；式（7.10）表示顾客只能被已选建的初始退货收集点服务；式（7.11）为决策变量约束。

第四节 模 型 求 解

多目标优化问题一般不存在唯一的最优解，而是存在一组或多组非劣解，通常采用线性加权法、ε 约束法等先将多目标优化问题转化为单目标优化问题，然后再求解[98]。

本优化问题的目标包括从顾客角度建立的退货便捷度最大化和从物流企业角度建立的配送收益最大化。首先从这两个目标中选取一个作为主要目标，本章主要第三方物流企业的角度进行配送网络优化研究，故这里选取物流企业配送收益最大化为主要目标，并将退货便捷度作为约束条件给出。即增加约束条件：

$$\varnothing_{net} = \sum_{l \in L} \varnothing_l r_l \Big/ \sum_{l \in L} r_l \geqslant \varnothing_0 \qquad (7.12)$$

式中，$\varnothing_0$ 为设定退货便捷度限制，其他约束条件不变。

其次，根据求解问题设计出合适的算法。转化为单目标优化模型为有约束的组合优化问题，属于 NP-Hard 问题，一般采用启发式算法。根据优化模型特点，本章设立了混合遗传算法，具体步骤如下：

Step1：设定算法参数。设定遗传算法所需参数：种群大小 $pop-size$ ；交叉率 p_c ；变异率 p_m 、最大迭代次数 $pop-max$ ；

Step2：编码及初始种群 $P(0)$ 。采用 0–1 编码方式构建染色体，染色体长度为配送站与初始退货收集点数之和 $(m+n)$ ，并随机构建初始种群 $P(t)(t=0)$ 。假定需从 4 个备选地址选建配送中心，8 个备选地址中选建初始退货收集点，则种群中一条染色体形式可能如图 7–3 所示。其表示在配送站地址 1、3、4 建配送站；在初始退货收集点备选地址 1、3、5、7、8 处建初始退货收集点。

图 7–3　染色体形式

Step3：适应度值函数计算。首先根据第七章第三节"配送网络退货便捷性计算方法"介绍的方法计算获得配送网络中各节点的单位配送费用以及配送网络退货率，并对各顾客单元需求量进行修正；然后，应用目标函数计算获得各染色体代表的选址方案的目标值 Z ；最后将 Z 作为各染色体的适应度值，若选址方案不满足退货便捷度限制时，则染色体适应度值调整为较小数（如 0.1）。

Step4：进行遗传操作。按照设定的交叉率 p_c ；变异率 p_m ，采用两点交叉与两点随机变异过程产生子代 $C(t)$ 。

Step5：执行选择操作。利用 Step3 的适应度函数计算过程评价 $C(t)$ ，并利用轮盘赌方法与最优策略从种群 $P(t)$ 与 $C(t)$ 选取规模大小为 $pop-size$ 的新种群 $P(t+1)$ 。

Step6：终止条件判断。判断是否达到最大指定迭代次数 $pop-max$ ，则输出最优解，否则令 $t=t+1$ ，并回到 Step4。

第五节 算 例 分 析

针对优化模型的建立及混合遗传算法的提出，以某物流配送企业在某城市进行网购商品的城市配送为例进行计算机编程仿真计算验证算法的合理性，同时分析第三方物流企业参与电子商务企业的退货处理对企业收益的影响。

（1）假设该物流配送企业的城市配送网络构成如下：配送网络由 1 个城市配送中心、10 个备选配送站、50 个顾客单元构成；同时需要从 50 个顾客节点中选择若干地址作为初始退货收集点。

（2）配送采用巡回路径方式；顾客单元分布遵循正态分布；各节点的位置已知，具体数值参考 Nguyen[88] 所设计的算例 50–10Nb，同时设定算例中两点距离单位为 0.1km。这里将算例命名为 R50–10Nb，各节点散点图如图 7–4 所示。

（3）模型参数设定：$Q_1 = 750$、$Q_1 = 150$、$r_1 \sim N(15,25)$、$b = 2a = 0.4$、$p = 5$、$d-\max = 5km$、 $Hg_1 = 200$、 $Ig_1 = 100$、 $Hg_1 = 200$、 $\varnothing_0 = 0.85$、$\theta_l = 0.2$。

（4）算法参数设定：$p_c = 0.9$、$p_m = 0.15$、$pop-size = 20$、$pop-max = 200$。

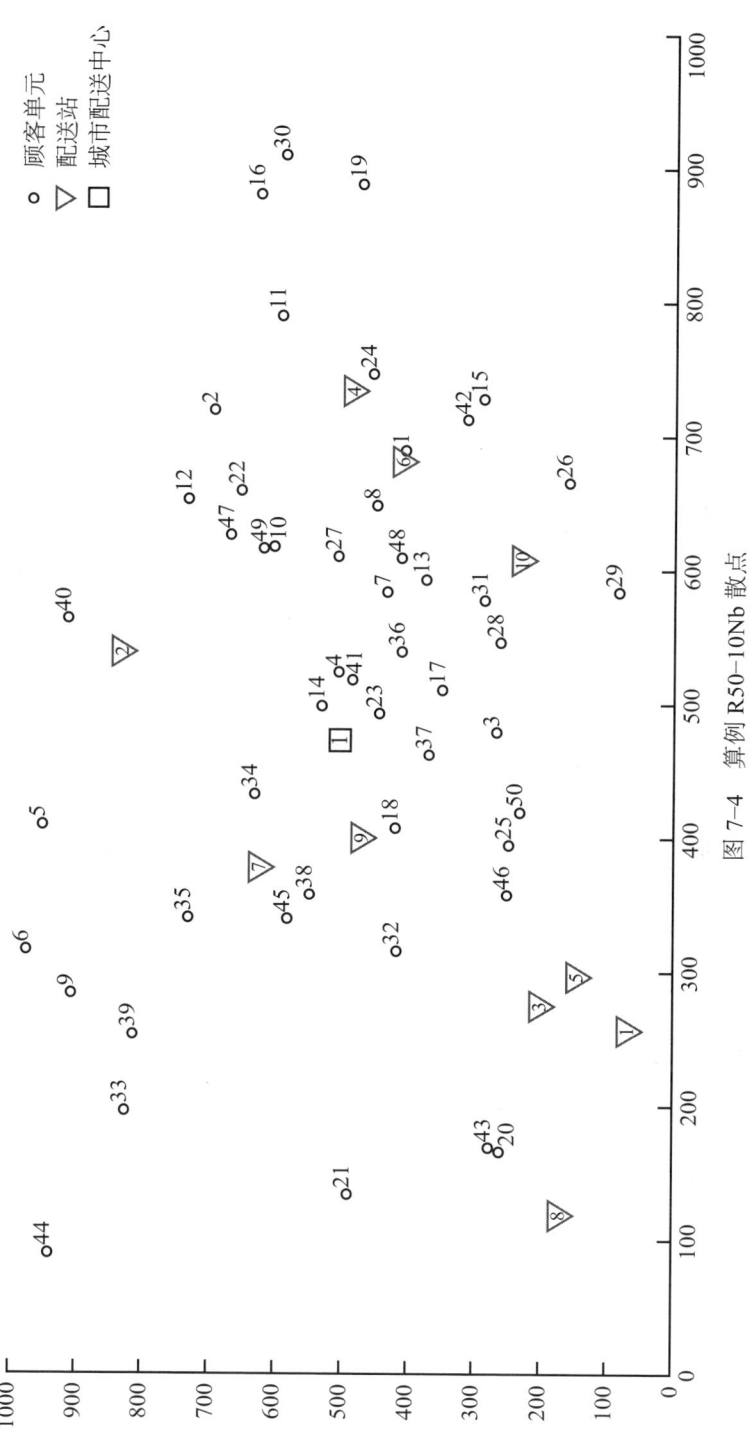

图 7-4 算例 R50-10Nb 散点

顾客单元 ○
配送站 ▽
城市配送中心 □

一、计算结果

应用本章设计的混合遗传算法对算例 R50-10Nb，进行计算获得算法优化过程如图 7-5 所示。图中实线表示第三方物流企业的各代最佳收益变化曲线，虚线表示各代平均收益变化曲线。由图 7-5 可以看出，算法可以较好地收敛于最优值 3418.3，说明算法具有较强的寻优能力。而虚线的不定性震荡说明每代种群的多样性，算法一定程度上可以避免算法陷入局部最优。

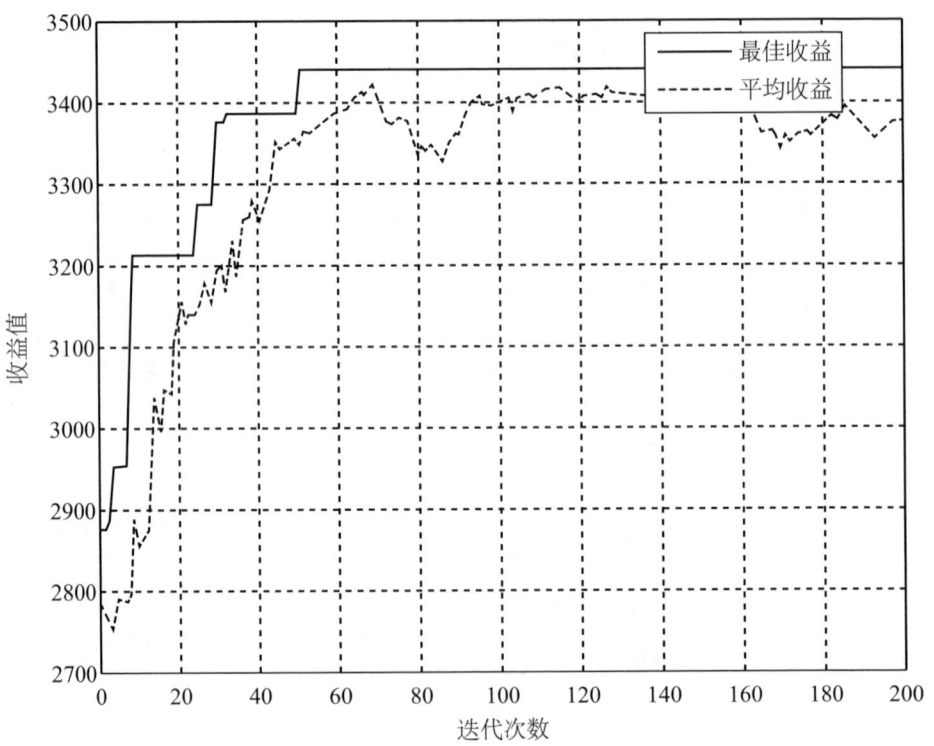

图 7-5　算法寻优过程

二、退货政策的敏感度分析

为了进一步参与退货处理业务对第三方物流企业收益的影响，对 Nguyen 的前 12 个算例参考算例 R50-10Nb 的改型方法，从而获得适合本问题的算例集，并应用本章算法分别进行计算，计算结果如表 7-1 所示。从算例集计算结果来看，参与退货处理对第三方物流企业而言，可以带来更多的收益，最多可提高 66.75%。说明第三方物流企业虽然为了满足退货处理的要求而增加了退货设施与费用，但由于退货便捷性的提高带动了更多的需求，反而会提高企业的收益。

表 7-1　计算结果

算例	顾客数	配送站数	Q_1	Q_2	原始收益*	收益	收益提高
R25-5MN	25	6	750	100	1271.2	2024.9	59.29%
R25-5MNb	25	5	750	150	1212.0	1989.4	64.14%
R25-5N	25	5	750	100	1206.7	2012.2	66.75%
R25-5Nb	25	5	750	150	1350.3	1994.1	47.67%
50-5MN	50	5	750	100	2398.2	3459.8	45.37%
50-5MNb	50	5	750	150	2379.9	3347.4	40.64%
R50-5N	50	5	750	100	2488.2	3312.6	33.13%
R50-5Nb	50	5	750	150	2757.6	4304.5	56.09%
R50-10MN	50	10	750	100	2607.4	4018.5	51.12%
R50-10MNb	50	10	750	150	2641.6	3666.9	38.81%
R50-10N	50	10	750	100	2413.6	3474.8	43.97%
R50-10Nb	50	10	750	150	2696.5	3418.3	26.76%

* 未引入退货处理能力时第三方物流企业的收益。

第六节　本　章　小　结

　　针对电子商务环境下在线订单退货率较高，本章首先在分析三种常见的退货物流处理方式，即顾客发货、上门取货以及顾客送货的各自特点基础上，着重研究了顾客送货这种退货物流处理方式下的第三方物流企业的物流配送网络优化问题。并给出了顾客退货便捷度的计算公式，提出了城市闭环供应链物流配送网络优化模型以及设计求解算法。最后，通过改进型Nguyen 集计算结果验证了模型与算法的有效性，并得出结论：当第三方物流企业参与退货处理时，是可以增加公司的收益的。

第八章 总结与展望

第一节 总 结

电子商务是可降低成本、提供效率、拓展市场和创新经营模式的有效手段，是满足和提升消费需求、提高产业和资源的组织化程度、转变经济发展方式的重要途径，对于优化产业结构、支撑战略性新兴产业发展和形成新的经济增长点具有重要作用，对于满足和提升消费需求、改善民生和带动就业具有十分重要的意义，对于经济和社会可持续发展具有愈加深远的影响。随着电子商务的不断普及和深入，电子商务在我国工业、农业、商贸流通、交通运输、金融、旅游和城乡消费等各个领域的应用不断得到拓展，特别是在企业网上采购、销售、个人消费方面得到广泛的应用，应用水平不断提高。

电子商务作为一种通过互联网进行交易的方式，其实施不仅需要相应的网络工程技术为基础，还必须要以完善的电子商务物流配送系统为支撑。对于利用电子商务业务的企业与个人而言，电子商务物流配送是开展电子商务的生命线。相比较传统商务环境下的物流配送，电子商务环境下的物理配送系统具有诸如小批量、多批次、多渠道配送、配送时间滞后、配送需求个性化等特点。而当前电子商务环境下物流配送系统的研究成果相对较少，针对此现状，本书从战略与战术两个层面，以电子商务环境下第三方物流企业的物流配送网络优化问题为研究对象，综合运用物流学、管理学、系统论、运筹学、工程可靠性等理论对电子商务环境下物流配送网络优化问题进行了深入研究，探讨了几种特殊情景下配送网络优化问题，分析了重要因素对网络结构的影响规律，从而为电子商务企业顺利开展电子商务业务提供理论与技术支撑。

本书主要研究成果与结论可以归纳如下：

第二章，对电子商务环境下物流配送网络结构进行了框架研究，较为全面地阐释了电子商务及其电子商务物流的基本内涵、基本特征以及网络结构。关于电子商务，本书主要从电子商务内涵、分类、电子商务实施主体、对象以及适合在线销售的商品特征等方面进行了阐述，从而为后续电子商务物流的引入做铺垫。关于电子商务物流，本书首先给出了电子商务物流的定义以及电子商务物流配送特征，并对电子商务物流配送与传统商务物流配送进行了比较分析。接着，基于本书研究需求，探讨了终端配送与退货处理两个方面的电子商务配送实施策略。在介绍了电子商务物流配送渠道模式及其特征，着重研究了电子商务环境下的物流配送网络结构形式，总结出五种适合电子商务环境下的物流配送网络结构，分别为①工厂存货、直接配送；②工厂存货、在途并货；③两层存货、多渠道配送；④商家存货、顾客自取；⑤商家存货、送货上门，并对这五种配送网络结构特性进行了总结分析。在分析电子商务物流配送系统构建模式的基础上，给出了混合构建模式下面向在线商品的物流配送网络的一般化结构以及第三方物流企业物流配送网络优化时面临的挑战。通过上述的分析与讨论，形成了对电子商务环境下物流配送网络优化的全面而深入的认识，进一步明确了本书研究的对象和目的，从而为后续研究奠定了基础。

第三章，基于区域配送中心选址是第三方物流企业构建面向网购商品的终端配送网络的首要问题的现实需求，建立了电子商务环境下物流配送网络中区域配送中心选址优化模型，并设计了相应算法。本章以允许电子商务企业仓库到顾客区（城市）间直接配送模式的物流配送网络为研究对象，并以配送提前期作为配送服务水平的一种度量，将提前期时间成本引入到模型成本结构中，构建了多渠道配送模式下物流配送网络的优化模型。针对标准遗传算法搜索能力的缺点，引入了四个局部搜索算法与扰动变异策略，设计了改进型遗传算法对本章所设计的优化模型进行求解。最后，通过案例与传统遗传算法、贪婪启发式算法的计算结果比较验证了本算法的有效性。同时敏感度分析表明单位提前期成本对配送中心建设数，直配比重、平均单位提前期都有较大影响。

第四章，针对城市配送站选址具有多属性特征，提出了可拓多属性评价决策模型。在模型构建过程中，引入区间数来表示决策者对指标属性的评价，并提出了基于决策者偏好和赋权法一致性的组合赋权法，兼顾到评价主体对指标的偏好，同时减少评价过程中的主观随意性，从而达到主观与客观的统一。最后通过算例计算表明，区间可拓评价方法具有可行性，也为城市配送站选址问题提供了一种新思路、新方法。

第五章，以上述区域配送中心选址与城市配送站选址问题优化为基础，进一步探讨城市内静态物流配送网络优化问题。针对城市配送网络一般采用双层结构的特点以及在线顾客存在顾客自取与送货上门两种终端配送模式的现状，本章构建了带时间窗的双层选址－路径问题（LRPTW-2E）优化模型。模型中考虑了两种不同的车型分别应用于配送网络第一、二层的配送服务，同时采用顾客无时间窗限制与有时间窗限制来表示顾客自取与送货上门两种终端配送模式。针对模型特点，设计了融合 C-W 节约算法与变邻域下降算法的混合遗传算法，并提出了采用时空距离的分组聚类方法来解决"先分组，后路径"的求解思路时时间与空间两特性无法协调的缺陷。通过改进型 Ngugen's LRP-2E 与基于空间距离聚类的混合遗传算法比较分析验证了模型与算法的有效性，表明本章提出的兼顾顾客间时间与空间距离的算法设计思路可获得更加满意的结果。

第六章，针对电子商务零售业的快速发展，负责在线商品终端配送的第三方物流企业的业务量必然增加的现状，以上述区域配送中心选址问题研究为基础，应用动态规划法研究电子商务环境下第三方物流企业的城市内多周期物流配送网络优化问题。运用数学规划理论方法建立同时优化配送站选址、商品流分派、车辆路径等诸多决策的带时间窗的双层动态选址－路径优化模型（DLRPTW-2E），以此来确定各周期内配送站的建设数量与位置以及在线顾客的配送路径，并针对多周期决策问题特点设计了基于动态规划的混合遗传算法（HGA-DP）。通过构建改进型 Ngugen's LRP-2E 算例并与基于最近邻算法的混合遗传算法（HGA-NN）及传统多周期规划的混合遗传算法（HGA）的计算结果进行比较分析。分析结果表明基于动态规划法的混合遗传算法（HGA-DP）具有较强的寻优能力，明显要优于 HGA-NN 算法与HGA 算法，为解决多周期物流配送网络规划问题提供了一种新尝试。

第七章，基于在线商品退货率高的特点，在分析目前在线商品退货时三种常规处理方法的特点的基础上，对顾客送货方式这种退货策略下第三方物流企业城市内物流配送网络优化问题进行了研究。本章首先以退货便捷度作为退货服务水平的一种测度，提出了综合退货距离、顾客需求量以及顾客的主观评价等因素的配送网络退货便捷度计算方法；然后，在应用分级聚类算法估计配送车辆采用巡回路径配送方式时单位配送费用的基础上，构建以退货便捷度最大与配送收益最大化为优化目标的退货物流网络数学规划模型，并设计适用于该问题的混合遗传算法；最后，基于 Nguyen's LRP-2E 算例分析得出了第三方物流企业参与退货处理对企业的收益有提升作用的结论。

本书研究的创新点主要体现在以下几个方面。

（1）关于电子商务环境下物流配送网络中区域配送中心与城市配送站选址优化问题研究。针对区域配送中心选址问题，现有研究大多仅考虑单一渠道配送模式，对于多渠道配送网络的优化问题研究较少，同时较少涉及物流设施运作时间成本。针对现有研究不足，本书将由运输时间与设施内部运作时间构成的配送提前期时间费用引入选址优化模型中，同时考虑了配送中心的规模经济效益，建立了由配送提前期时间成本、配送成本以及设施启动成本组成的多渠道物流配送网络选址优化模型，并提出了改进型遗传算法求解该模型，探讨了单位提前期成本对配送网络运作特性的影响。鉴于城市配送站选址受到多种因素影响，本书提出了一种基于区间数的可拓评价模型，为城市配送站选址决策问题的求解提出了一种新思路、新方法。

（2）关于电子商务环境下城市物流配送网络优化研究，现有文献缺乏对城市物流配送网络中带时间窗的双层定位－路径问题的研究，也未涉及同时考虑顾客自取与送货上门两种终端配送模式时城市物流配送网络优化问题。针对现有研究不足，本书借用无时间窗限制与有时间窗限制的方式将顾客自取与送货上门两种终端配送模式整合到配送网络优化问题中，构建了带时间窗的双层选址－路径问题（LRPTW-2E）的数学规划模型，并设计了融合C-W 节约算法与变邻域下降算法的两阶段混合遗传算法，最后通过案例验证了算法的有效性。

（3）随着电子商务零售业的快速发展，负责终端配送的第三方物流企业的城市物流配送网络必然随之而调整。针对此类问题，现有文献还未涉及。针对现有研究不足，本书建立了带时间窗的双层动态选址－路径优化模型（DLRPTW-2E），并设计了基于动态规划思想的混合遗传算法，为多周期规划问题提出了一种新的求解尝试。

（4）关于考虑退货处理时第三方物流企业城市物流配送网络优化问题研究，鲜有文献报道。为此，本书在分析三种退货处理方式的基础上，重点探讨顾客送货这种退货方式下第三方物流企业的城市物流配送网络优化问题，给出了退货便捷度的计算方法，构建了以退货便捷度最大和企业收益最大为目标的数学规划模型，并设计了求解该模型的混合遗传算法，计算分析表明第三方物流企业参与退货处理有助于增加企业收益。

第二节　展　　望

虽然本书在现有文献的基础上，对电子商务环境下物流配送网络优化问题进行了较为深入研究，得出了一些结论，然而限于诸多不利条件，加之本人研究水平有限，该类研究方向还有诸多需要解决的问题：

（1）关于电子商务环境下物流配送网络中区域配送中心选址优化问题，本书针对电子商务环境下配送时间对企业成败的巨大影响，引入了订货提前期时间价值成本到优化模型中，同时考虑了多渠道配送模式决策。但模型评价目标还是以成本作为单一目标，而同时兼顾顾客满意度，碳排放等多目标决策更合理。同时考虑公路、铁路、水路等多种配送方式，并将区域配送中心选址与终端配送与库存控制问题结合起来研究更符合实际，应该说本书提出的电子商务环境下区域配送中心选址优化模型只是在现有研究成果基础上向前推进了一小步。

（2）关于城市配送网络优化问题，本书虽然从静态与动态两个方面进行了相关研究，但城市物流配送优化问题涉及因素角度，可以在以下几个方面继续进行深入探讨：一是本书考虑顾客位置与需求事先确定，而实际可能是动态变化的；二是模型只考虑了单类商品，可以扩展到多商品情况；三是模型假定配送站投资成本固定，而实践上，大多数情况下其投资成本与配送站服务量有关，模型需要进一步考虑配送站投资成本函数；四是考虑城市道路交通情况对配送时间的影响更符合实际；五是应用动态规划法进行多周期规划时，各阶段状态集大小的确定值得进一步研究；最后文中模型与算法还需要用实际案例进行验算。

（3）关于考虑退货环节的城市物流配送网络优化问题，可进一步研究的方向有：一是可考虑顾客需求的不确定性，可以考虑应用情景分析法；二是探讨选址与库存决策的联合优化问题；三是针对多目标进行优化，同时分析成本、反应时间、市场潜力、退货满意度等目标的平衡；四是比较遗传算法、拉格朗日松弛法、禁忌搜索法以及其他组合式启发式算法在此类问题求解方面的优缺点，从而获得更优的求解算法。

参 考 文 献

[1] 刘萍 . 电子商务物流 [M]. 北京：电子工业出版社，2010.

[2] RABINOVICH E，BAILEY J P. Physical distribution service quality in internet retailing，service pricing，transaction attributes，and firm attributes[J]. Journal of Operations Management，2004，21:651–672.

[3] 李琳 . 电子商务环境下物流配送中若干优化问题的研究 [D]. 沈阳：东北大学，2010.

[4] HUPPERTZ P. Market changes require new supply chain thinking[J]. Transportation & Distribution 1999(40):70–74.

[5] ReturnBuy. The new dynamics of returns: the profit，customer and business intelligence opportunities in returns[R]. ReturnBuy.com，2001.

[6] ROGERS D S，Tibben-Lembke R S. Going backward: reverse logistics trends and practices[R]. Nevada，Reno: Reverse Logistics Executive Council，1999.

[7] KHOUJA M，STYLIANOU A C. A (Q，R) inventory model with a drop-shipping option for e-business[J]. Omega，2009(37):896 908.

[8] HAKIMI S L. Optimum locations of switching centers and the absolute centers and medians of a graph [J]. Operations Research，1964，12(3):450–459.

[9] AIKENS C H. Facility location models for distribution planning[J]. European Journal of Operational Research，1985，22(2):263–279.

[10] MAGNANTI T L，WONG R T. Network design and transportation planning: Models and algorithems[J]. Transportation Science，1984，18: 1–55.

[11] MINOUX M. Network synthesis and optimum network design problems:Model，solution methods and applications[J]. Networks，1989，19:313-360.

[12] BALAKRISHNAN A，MAGNANTI T L，MIRCHANDANI P. Network design[M]. In F，Maffioli M，Dell'Amico and S Martello，editors. Annotated Bibliographies in Combinatorial Optimization. John Wiley&Sons，1997.

[13] OWEN S H，DASKIN M S. Strategic facility location:A review[J]. European Journal of Operation Research，1998，111:423-447.

[14] SNYDER L V. Facility location under uncertainty: a review[J]. IIE Transactions，2006，38:537-554.

[15] MELO M T，NICKEL S，SALDANHA-DA-GAMA F. Facility location and supply chain management-A review[J]. European Journal of Operational Research，2009，196:401-412.

[16] POKHAREL S，MUTHA A. Perspective in reverse logistics: A review[J]. Resources，Conservation and Recycling，2009，53:175-182.

[17] 蔡希贤，夏士智 . 物流合理化的数量方法 [M]. 武汉：华中理工大学出版社，1985.

[18] 杨波，梁樑，唐启鹤 . 物流配送中心选址的随机数学模型 [J]. 中国管理科学，2002，10（5）：57-61.

[19] 孙会君，高自友 . 考虑路线安排的物流配送中心选址双层规划模型及求解算法 [J]. 中国公路学报，2003，16（2）：115-119.

[20] 崔小燕，李旭宏，毛海军，等 . 受限单分配枢纽选址问题的并行蚁群算法 [J]. 交通运输工程学报，2011，11（3）：74-81.

[21] 汤希峰，毛海军，李旭宏 . 物流配送中心选址的多目标优化模型 [J]. 东南大学学报（自然科学版），2009，39（2）：404-407.

[22] NAGY G，SHLHI S. Location-routing: Issues，model and methods[J]. European Journal of Operational Research，2007，177(2):649–672.

[23] NETESSINE S，RUDI N. Supply Chain Choice on the Internet[J]. Management Science，2006，52:844–864.

[24] CANEL C，KHUMAWALA B M，LAW J，et al. An algorithm for the capacitated，multi-commodity multi-period facility location problem[J]. Computers & Operations Research，2001，28:411–427.

[25] TRONCOSO J J，GARRIDO R A. forestry production and logistics planning: An analysis using mixed-integer programming，[J]. forest Policy and Economics，2005，7:625–633.

[26] ESKIGUN E，UZSOY R，PRECKEL P V，et al. Outbound supply chain network design with mode selection，lead times and capacitated vehicle distribution centers[J]. European Journal Of Operational Research，2005，165:182–206.

[27] MELO M T，NICKEL S，SALDANHA-DA-GAMA F. Dynamic multi-commodity capacitated facility location:A mathematical modeling framework for strategic supply chain planning[J]. Computers & Operations Research，2006，33:181–208.

[28] FARAHANI R Z，ASGARI N. Combination of MCDM and covering techniques in a hierarchical model for facility location: A case study[J]. European Journal of Operation Research，2007，176:1839–1858.

[29] LEE D H，DONG M. A heuristic approach to logistics network design for end-of-lease computer products recovery[J]. Transportation Research Part E: Logistics and Transportation Review，2008，44:455–474.

[30] LIN L，GEN M，WANG X. Integrated multistage logistics network design by using hybrid evolutionary algorithm[J]. Computers and Industrial Engineering 2009，56:854–873.

[31] PISHVAEE M S，RABBANI M. A graph theoretic-based heuristic algorithm for responsive supply chain network design with direct and indirect shipment[J]. Advances in Engineering Software，2011，42:57–63.

[32] TANCREZ S J，LANGE J C，SEMAL P. A location-inventory model for large three- level supply chains[J]. Transportation Research Part E，2012，48:485–502.

[33] ALPTEKINOGLU A，TANG C S. A model for analyzing multi-channel distribution systems[J]. European Journal of Operational Research，2005，163:802–824.

[34] XU P J. Order Fulfillment in Online Retailing: What Goes Where[D].[Ph D Dissertation]. Boston: MIT，2005.

[35] MIN H，KO H J，KO C S. A genetic approach to developing the mutli-echelon reverse logistics network for product returns[J]. Omega，2006，34:56–69.

[36] WANG Z P，YAO D Q，HUANG P Q. A new location-inventory policy with reverse logistics applied to B2C e-markets of China[J]. Int J. Production Economics 2007，107:350–363.

[37] LIM H. Geographical implications of online shopping on physical distribution networks[D]: [Doctorial Dissertation]，New York:SUNY，2009.

[38] MAHAR S，WRIGHT P D. The value of postponing online fulfillment decisions in multi-channel retail/e-tail organizations[J]. Computers&Operations Research，2009，36:3061–3072.

[39] MAHAR S，BRETTHAUER K M，VENKATARAMANAN M A. An algorithm for solving the multi-period online fulfillment assignment problem[J]. Mathematical and Computer Modelling，2009，50:1294–1304.

[40] LAU H C W，JIANG Z Z，IP W H，et al. A credibility-based fuzzy location model with Hurwicz criteria for design of distribution systems in B2C

e-commerce[J]. Computers & Industrial Engineering，2010，59:873-886.

[41] LU Z，WANG S S，LI X N，et al. Online shop location optimization using a fuzzy multi-criteria decision model-Case study on Taobao.com[J]. Knowledge-Based Systems，2012，32:76-83.

[42] MAHAR S，SALZARULO P A，WRIGHT P D. Using online pickup site inclusion policies to manage demand in retail/E-tail organizations[J]. Computers & Operations Research，2012，39:991-999.

[43] 尹秋菊，甘仞初. 电子商务环境下物流系统评价指标体系的建立 [J]. 中国管理科学，2002，10：523-526.

[44] 姚卫新. 电子商务环境下闭环供应链的原子模型研究 [J]. 管理科学，2003，16（1）：65-68.

[45] 蒋忠中，汪定伟. B2C 电子商务中物流配送中心优化设计 [J]. 东北大学学报：自然科学版，2005，26（8）：729-732.

[46] 姚卫新. 电子商务条件下闭环供应链物流网络的设计 [J]. 管理科学，2005，18（6）：43-49.

[47] 蒋忠中，汪定伟. B2C 电子商务中配送中心选址优化的模型与算法 [J]. 控制与决策，2005，20（10）：1125-1128.

[48] 白韶波. 企业物流配送在电子商务环境下的选址优化模型研究 [D]. 西安：长安大学，2005.

[49] 蒋忠中，汪定伟. B2C 电子商务中多商品配送中心优化设计的模糊规划模型 [J]. 系统仿真学报，2006，18（1）：192-196.

[50] 王晓博，李一军. 电子商务环境下物流配送中心选址模型与评价方法 [J]. 系统工程理论方法应用，2006，15（3）：199-204.

[51] 聂规划，刘爱君. 电子商务环境下的物流配送中心选址模型 [J]. 价值工程，2006，9：87-89.

[52] 廖栩栩. 电子商务环境下物流配送中心选址研究 [D]. 厦门：厦门大学，2007.

[53] 刘芬. 电子商务环境下的二级物流配送中心选址研究 [D]. 武汉：武汉理工大学，2007.

[54] 刘开军，张子刚. 多渠道供应链中物流系统的容量扩充与分配模型 [J]. 中国管理科学，2009，17（5）：39-45.

[55] 张炎. 基于可靠性的生鲜农产品物流网络优化 [D]. 成都：西南交通大学，2009.

[56] 周若虹，张雪峰. 电子商务下全球闭环供应链超网络模型 [J]. 控制工程，2011，18（6）：1001-1004.

[57] PUNAKIVI M，SARANEN J. Identifying the success factors in e-grocery home delivery [J]. International Journal of Retail & Distribution Management，2001，29(4):156-163.

[58] PUNAKIVI M，TRANSKANEN K. Increasing the cost efficiency of e-fulfilment using shared reception boxes[J]. International Journal of Retail & Distribution Managent，2002，30(10):498-507.

[59] PUNAKIVI M，YRJOLA H，HOLMSTROM J. Sloving the last mile issue:Reception box? [J]. international Journal of Physical Distribution & Logistics Management，2001，31 (6):427-439.

[60] LIN I I，MAHMASSANI H S. Can online grocers deliver? Some logistics considerations [R]. Transportation Record，WashingtonDC，2002.

[61] ROBUSTE F，GALVAN D，LOPEZ-PITA A. Modeling e-logistics for urban B2C in Rurope[R]. Transportation Research Board Annual Meeting，2003.

[62] DU T C，LI E Y. Dynamic vehicle routing for online B2Cdelivery[J]. Omega，2005，33(1):33-45.

[63] HSU C I，LI H C. Optimal delivery service strategy for Internet shopping with time-dependent consumer demand[J]. Transportation Research Part E，2006，42(6):473-497.

[64] BRAYSY O，NAKARI P，DULLAERT W，et al. An Optimization Approach for Communal Home Meal Delivery Service: A Case Study[J]. Jounal of Computational and Applied Mathematics，2009，232(1):46–53.

[65] ASDEMIR K，JACOB V S，KRISHNAN R. Dynamic pricing of multiple home delivery options[J]. European Journal of Operational Research，2009，196(1):246–257.

[66] FIEGL C，PONTOW C. Online scheduling of pick-up and delivery tasks in hospitals [J]. Journal of Biomedical Informatics，2009，42:624–632.

[67] KLUNDERT J V D，OTTEN B. Improving LTL truck load utilization on line[J]. European Journal of Operation research，2011，210(2):336–343.

[68] RUBRICO J I U，HIGASHI T，TAMURA H，et al. Online rescheduling of multiple picking agents for warehouse management[J]. Robotics and Computer-Integrated Manufacturing，2011，27:62–71.

[69] 蒋忠中，汪定伟. B2C 电子商务中物流配送路径优化的模型与算法 [J]. 信息与控制，2005，34（4）：481–485.

[70] 刘向，李延晖. 电子商务配送的跨区域 VRP 模型及其启发式算法 [J]. 清华大学学报（自然科学报），2006，46（S1）：1014–1018.

[71] 王晓博，李一军. 电子商务下基于改进两阶段算法的有时间窗车辆调度优化 [J]. 中国管理科学，2007，15（6）：53–59.

[72] 李维健. B2C 电子商务模式下物流配送路径优化问题研究 [D]. 北京：北京交通大学，2007.

[73] 段凤华，符卓. B2C 电子商务环境下物流配送路径模型与算法 [J]. 计算机应用，2009，29（2）：580–582.

[74] 范月娇，潘文军. 面向电子商务企业的物流配送服务半径界定 [J]. 长安大学学报：社会科学版，2009，11（3）：21–25.

[75] 李琳，刘士新，唐加福. 电子商务中订单配送优化模型及两阶段算法 [J]. 系统工程学报，2011，26（2）：237–243.

[76] DORIGO M，MANIEZZO V，COLORNI A. The ant system:Optimization by a colony of cooperating agents[J]. IEEETrans on Systems，Man and Cybernetics，1996，26(1):29–41.

[77] SALHI S，RAND G K. The effect of ignoring routes when locating depots[J]. European Journal of Operational Research，1989，39 (2):150–156.

[78] WU T H，LOW C，BAI J W ，Heuristic solutions to multi-depot location-routing problems[J]. Computers and Operations Research 2002，29:1393–1415.

[79] PRINS C，PRODHON C，SORIANO P，et al. Solving the capacitated location routing problem by a cooperative Lagrangean relaxation-granular tabu search heuristic[J]. Transportation Science 2007，41:470–483.

[80] YU V F，LIN S W，LEE W Y，et al. A simulated annealing heuristic for the capacitated location routing problem[J]. Computers & Industrial Engineering，2010，58 (2):288–299.

[81] MEYSAM M S，Tavakkoli-Moghaddam R. A hybrid simulated annealing algorithm for location and routing scheduling problems with cross-docking in the supply chain[J]. Journal of Manufacturing Systems，2013，32:335–347.

[82] TING C J，Chen C H. A multiple ant colony optimization algorithm for the capacitated location routing problem[J]. Int J. Production Economics，2013，141:34–44.

[83] 金莉，朱云龙，申海．三级物流网络选址–路径问题建模与求解算法研究 [J]. 控制与决策，2010，25（8）：1195–1120.

[84] 吕飞，李延辉．备件物流系统选址库存路径问题模型及算法 [J]. 工业工程与管理，2010，15（1）：82–86.

[85] 帅斌，赵佳虹．危险废物物流系统的 LRP 改进多目标线性规划模型 [J]. 西南交通大学学报，2011，46（2）：326–332.

[86] JACOBSEN S K，Madsen O B G. A comparative study of heuristics for a two-level routing-location problem[J] European Journal of Operation Research，1980，5:378-387.

[87] MADSEN O B G. Methods for solving combined two level location-routing problem of realistic dimensions[J]. European Journal of Operation Research，1984，12:295-301.

[88] NGUYEN V P，PRINS C，PRODHON C. Solving the two-echelon location routing problem by a GRASP reinforced by a learning process and path relinking[J]. European Journal of Operational Research，2012，216:113-126.

[89] AKSEN D，ALTINKEMER K. A location-routing problem for the conversion to the "click-and-mortar" retailing: The static case[J]. European Journal of Operational Research，2008，186:554-575.

[90] 刘必争 . 电子商务下的配送中心选址问题及其优化 [J]. 系统工程，2008，10：17-21.

[91] 王晓博 . 电子商务下物流配送系统优化模型和算法研究 [D]. 哈尔滨：哈尔滨工业大学，2008.

[92] 特班等 . 电子商务——管理视角（第五版）[M]. 严建援，等，译 . 北京：机械工业出版社，2010.

[93] MCKAY J，MARSHALL P. Strategic management of e-business[M]. Wiley，2004.

[94] WHINSTON A B，STAHL D O，CHOI S. The Economics of Electronic Commerce[M]. Macmillan Technical Publishing，1997.

[95] 中国互联网络信息中心 . 中国网络购物市场调查研究报告 [R]. 中国互联网络信息中心，2011.

[96] 王之泰 . 物流工程研究 [M]. 北京：首都经济贸易大学出版社，2003.

[97] 姚国章. 电子商务与企业管理 [M]. 北京：北京大学出版社，2009.

[98] BOWMAN R J. The Greening of the Supply Chain[R]. Global Logistics and Supply Chain Strategies，2006.

[99] VITASEK K，MANRODT K. Perfecting the Pecfect Order[R]. Multichannel merchant.com，2006.

[100] DEKKER J R，LENZ B. Online-shopping and changes in mobility. In: Fleischmann B，Klose A.(Eds.) Distribution Logistics:Advanced Solutions to practical Problems[J]. Springer，Berlin，pp:65–84.

[101] KAMARAINEN V，PUNAKIVI M. Developing cost-effective operations for the e-grocery supply chain[J]. International Journal of Logistics，2002，5(3):285–298.

[102] BCG. Winning the Online Consumer: The Challenge of Raised Expectations[R].Boston Consulting Group，2001.

[103] ELLIS D. Seven Ways to Improve Returns Pro cessing[R]. In Multichannel merchant.com，2006.

[104] NETESSINE S，RUDI N. Supply Chain Choice on the Internet[J]. Management Science，2006，52(6):844–864.

[105] 清科研究中心. 2011 年中国电子商务物流行业投资研究报告 [R]. 清科研究中心，2011.

[106] 国家质量技术监督局. 物流术语 GB/T 18354–2001. 北京：中国标准出版社，2001：4.

[107] 王之泰. 现代物流管理 [M]. 北京：中国物资出版社，2002.

[108] CHOPRA S. Designing the distribution network in a supply chain[J]. Transportation Research Part E，2003，39:123–140.

[109] 李美燕. 基于商品性质的多级配送系统的库存结构优化设计研究 [D]. 上海：上海交通大学，2007.

[110] BEIMAN Oded，Krass Dmitry，et al. Facility reliability issues in network p-median problems strategic centralization and co-location effects[J]. Operation Research，2007，55(2):332–350

[111] 蒋忠中 . B2C 电子商务中物流配送系统的模型与算法研究 [D]. 沈阳：东北大学，2006.

[112] ESKIGUN E. Outbound supply chain network design for a large-scale automotive company[D]:[Ph D thesis]. West Lafayette: Purdue University，2002.

[113] SOURIRAJAN K，OZSEN I，UZSOY R. A single product network design model with lead time and safety stock considerations[J]. IIE transactions，200739(5):411–424.

[114] SOURIRAJAN K，OZSEN I，UZSOY R. A genetic algorithm for a single product network design model with lead time and safety stock considerations[J]. European Journal Of Operational Research，2009，197:599–608.

[115] HOLLAND J H. Adaption in Natural and artificial Systems [M]. Ann ArborUniversity of Michigan Press，1975.

[116] HOLLAND J H. Adaption in Natural and artificial Systems [M]. Boston，MIT Press，1992.

[117] 周春光，梁艳香 . 计算智能 [M]. 长春：吉林大学出版社，2001.

[118] COELLO C A. Evolutionary Multi-Objective Optimization: CurrentState and Future Challenges[C]. Fifth International Conference on Hybrid Intelligent Systems(HIS'05)，Rio de Janeiro，2005.

[119] GOLDBERG D E. Gentic Algorithms in Search，Optimization，Machine Learning[M]. Boston: Addison-Wesley，1989.

[120] 席裕庚，柴天佑，恽为民 . 遗传算法综述 [J]. 控制理论与应用，1996，13（6）：697–708.

[121] 王小平，曹立明．遗传算法——理论、应用与软件实现 [M]．西安：西安交通大学出版社，2003．

[122] GEN M，CHENG R. Genetic algorithms and engineering optimizations[M]. New York: Wiley，2000．

[123] 曹祝君，吴国凤，韩巍．遗传算法的扰动执行策略 [J]．合肥工业大学学报：自然科学版，2004，27（10）：1219-1222．

[124] 郑家佳．层次分析法在配送中心选址决策中的应用 [J]．科技信息，2013，13（4）：456-457

[125] 蒋美仙．基于 AHP 和目标规划的物流配送中心集成选址模型研究 [J]．浙江工业大学学报，2012，40（5）：562-566．

[126] 曹庆奎，李现美．基于灰色—DEA 的物流配送中心选址研究 [J]．河北工业大学学报，2013，30（4）：7-10．

[127] 徐斌，高健．基于信息熵—灰色关联法的物流配送中心选址模型研究 [J]．物流技术，2011，30（5）：116-118．

[128] 边红梅，黄速成．模糊综合评判法在配送中心选址中的应用 [J]．甘肃科技学报，2013，25（3）：129-132．

[129] 何满辉．基于信息熵多属性决策的物流供应商选择评价 [J]．工程设计学报，2013，20（1）：6-10．

[130] 刘文强．基于区间灰度的区域物流配送中心选址实证分析 [J]．物流技术，2014，（17）：246-248．

[131] 陈战波，黄小舟．物流配送中心选址的改进灰关联度评价方法 [J]．统计与决策，2015（3）：52-55．

[132] 范荣华．基于直觉模糊数的物流配送中心选址的评价方法 [J]．统计与决策，2016（23）：33-36．

[133] 韩世莲，李旭宏，刘新旺，等．多人多准则模糊层次分析法的物流中心综合评价优选模型 [J]．系统工程理论与实践，2004，（7）：128-134．

[134] 陆华，杨家其．模糊排序及启发式算法在物流中心选址中的应用 [J]．武汉理工大学学报，2002，26（3）：389-392.

[135] 俞峰，杨成梧．物元分析方法在地下水质量综合评判中的应用 [J]．水资源与水工程学报，2005，16（2）：35-38.

[136] 邹浩．基于熵权和物元可拓法的物流配送中心选址模型研究 [J]．湖南文理学院学报：自然科学版，2014，26（4）：11-15.

[137] 潘科，许开立．区间可拓法在化工园区应急能力评价中的应用 [J]．东北大学学报：自然科学版，2012，33（9）：1344-1348.

[138] 周建强，赵燕伟，洪欢欢，等．基于可拓变换的产品性能冲突传导协调方法 [J]．中国机械工程，2014，25（5）：661-668.

[139] 张兴芳，管恩瑞，孟广武．区间值模糊综合评判及其应用 [J]．系统工程理论与实践，2001，21（2）：81-84.

[140] 胡宝清，王孝礼，何娟娟．区间上的可拓集及其关联函数 [J]．广东工业大学学报，2000，（2）：66-70.

[141] 蔡文，杨春燕，等．可拓工程方法 [M]．北京：科学技术出版社，1997.

[142] 宋光兴，杨德礼．基于决策者偏好及赋权法一致性的组合赋权法 [J]．系统工程与电子技术，2004，26（9）：1226-1231.

[143] 钟诗胜，王体春，丁刚．基于多指标灰区间数关联决策模型的产品方案设计 [J]．控制与决策，2008，23（12）：1378-1394.

[144] CRAINIC T G，RICCIARDI N，STORCHI G. Models for evaluating and planning city logistics transportation systems. Transp. Sci. 2009, 43(4):432-454.

[145] OSTERTAG L，DOERNER K F，HARTL R F. A variable neighborhood search integrated in the POPMUSIC framework for solving large scale vehicle routing problems[J]. Proceedings of the 5th International Workshop on Hybrid Metaheuristics，Malaga，Spain，2008，29-42.

[146] DONDO R G，CERDA J. A hybrid local improvement algorithm approach for large-scale multi-depot vehicle routing problems with time windows[J]. Computers & Chemical Engineering，2009，33(2):513–530.

[147] OUYANG Y. Design of vehicle routing zones for large-scale distribution systems [J]. Transportation Research Part B:Methodological，2007，41(10):1079–1093.

[148] QI M Y，LIN W H，LI N，et al. A spatiotemporal partitioning approach for large-scale vehicle routing problems with time windows[J]. Transportation Research Part E，2012，48:248–257.

[149] HÄGERSTRAND T. What about people in regional science?[J]. Regional Science Association，1970，24(1):7–21.

[150] LUCASIUS C B，DANE A D，KATEMAN G. On k-medoid clustering of large-scale sets with the aid of a genetic algorithm: background，feasibility and comparison [J]. Analytical Chimica Acta，1993，282(3):647–669.

[151] 孙吉贵，刘杰，等 . 聚类算法研究 [J]. 软件学报，2008，19(1):48–61.

[152] PRINS C，PRODHON C，WOLFLER C R. Solving the capacitated location-routing problem by a GRASP complemented by a learning process and a path relinking[J]. 40R–A Quarterly Journal of Operations Research，2006，4:221–238.

[153] CORDEAU J F，LAPORTE G，MERCIER A. A unified tabu search heuristic for vehicle routing problems with time windows[J]. Journal of the Operational Research Society，2001，52:928–936.

[154] SOLOMON M M. Algorithms for the vehicle routing and scheduling problems with time window constraints[J]. Operations Research，1987，35:254–265.

[155] BALLOU R H. Dynamic warehouse location analysis[J]. Journal of Marketing Research，1968，5(3):271-276.

[156] MALANDRAKI C，DIAL R B. A restricted dynamic programming heuristic algorithm for the time dependent traveling salesman problem[J]. European Journal of Operational Research，1996，90:45-55.

[157]《运筹学》教材编学组. 运筹学（第三版）[M]. 北京：清华大学出版社，2005.

[158] MIN H，KO H J. The dynamic design of a reverse logistics network from the perspective of third-party logistics service providers[J]. Int. J.Production Economics，2008，113:176-192.

[159] SHEAR H，SPEH T W，STOCK J R. The warehousing link of reverse logistics[J]. The 26th annual warehouse education and research council conference，San Francisco，CA，2003.

[160] WANG Z，HUANG P. Case study of the development of electronic commerce in Shanghai[R]，ShanghaiJiaoTongUniversity，Technical Report，2004.

[161] POIRIER C C. Using models to improve the supply chain[M]. Boca Raton，FL: St. Lucie Press，2004.

[162] DAUGHERTY P J，AUTRY C W，ELLINGER A E.Reverse logistics: the relationship between resource commitment and program performance[J]. Journal of Business Logistics，2001，22(1):107-123.